I0711968

#ZUKUNFT

Eine kleine Weltrettung

Michael Kohn

SONRRIE

Bibliografische Information der Deutschen Nationalbibliothek: Die Deutsche Nationalbibliothek ver-
zeichnet diese Publikation in der Deutschen Natio-
nalbibliografie; detaillierte bibliografische Daten sind
im Internet über dnb.dnb.de abrufbar.

Leben mit der Angst

Man braucht nicht zu sterben

Um zu wissen, dass man sterblich ist.

Aber man muss wissen, dass man sterblich ist,

um wirklich leben zu können.

<u>Eine kleine Weltrettung in 2 Teilen</u>

Teil 1, in dem es um die Schwächen der Menschen geht, die uns oft zweifeln lassen und die Suche nach einer Perspektive ausgesprochen schwierig machen.

Teil 2, in dem es darum geht, trotzdem einen Weg zu finden, der die Menschen darin vereint, für alle ein lebenswertes Überleben zu schaffen.

Morgengedanken. Morgengedanken sind Gedanken, die man am Morgen hat, wenn der Kopf noch klar ist, unverdorben von den Eindrücken des Tages. Die Zeit ist ein See, der am Morgen spiegelglatt darauf wartet, in Bewegung gebracht zu werden. Ein Eintauchen löst eine kleine Welle aus, die sich vervielfacht und fortsetzt, bis sie an ihrem zufälligen Ziel ankommt, eine Spur hinterlassend, die festgehalten wird und erst durch neue Gedanken ausgelöscht werden kann.

Morgengedanken sind aber auch Gedanken an das Morgen, an die Verantwortung, die jede Generation für das trägt, was nach ihr kommt. Keiner kann sich davon freimachen, als Individuum freie Entscheidungen zu treffen, nicht unsichtbarer Teil der Masse zu sein. Es ist nie zu spät für klare Gedanken, die Teil des kollektiven Bewusstseins werden können und einen Teil dessen reinigen, was unsere Aussichten trübt.

Teil 1, in dem es um die Schwächen der Menschen geht, die uns oft zweifeln lassen und die Suche nach einer Perspektive ausgesprochen schwierig machen.

Leben heißt Angst zu haben. Wer braucht einen (Welt)Krieg oder eine Pandemie, um sich bedroht zu fühlen? Ersteren keiner, wenngleich es weltweit immer einige ganz wenige gibt, die ihn dennoch wollen. Letztere offenbar viele. Es genügt ja auch nicht mehr, sich in der Familie über etwas zu unterhalten, verstanden zu werden oder eine direkte Gegenreaktion zu bekommen, Schutz zu finden oder zu geben, sich mit dem Unvermeidlichen abzufinden. So einfach ist es, sich online über die Kommentarfunktion der ganzen Welt mitzuteilen, andere zu übertrumpfen und sich selbst immer weiter hochzuschaukeln, ohne sich den wirklichen Realitäten zu stellen. Offenbar war ein Weltkrieg bis zum Jahr 2022 zu weit entfernt und der Kalte Krieg schon weitgehend vergessen. Wobei es vordergründig immer nur um eins geht: die Angst. Die Angst des schwachen Menschen vor dem Übermächtigen, die Hilflosigkeit und Wut ob der eigenen Angst, die Unfähigkeit, Bedrohungen zu verarbeiten und sich letztlich dem Tod zu stellen. Das ist die ultimative Bedrohung, für 100 % der Menschen endet das Leben zunächst mit dem Tod. Da wir aber nicht wissen, wann das der Fall ist, schieben wir dieses Ereignis immer in die #Zukunft und beschäftigen uns nicht damit. Warum sich mit der Angst konfrontieren?

Im 2. Weltkrieg war das ganz konkret. Jeder wusste, dass die #Zukunft ungewiss ist, der eigene Tod möglicherweise kurz bevorsteht. Aber auch da gab es normale Tage, mit der Familie, Baden im See und Tanzen im Café. Die Angst wurde bekämpft mit der Hoffnung auf die Übermacht des eigenen Volkes und das Glück, selbst durchzukommen. Bis es doch irgendwann klar war, dass man es nicht überleben würde, der Tod trifft jeden am Ende allein. Auch heute darf man das leider nicht vergessen. Es ist jederzeit möglich, auf die eine, die andere oder die schlimmste Art. Verdrängen hilft bedingt, Verarbeiten besser, aber nicht immer. Hoffnung gibt es immer, ohne Hoffnung gibt es auch kein Leben mehr. Wird die Angst zu groß, stirbt häufig zuerst die Hoffnung.

Der Holocaust, Krieg, Verfolgung, Terrorismus, Hunger, Seuchen ... Außer dem Tod des eigenen Kindes gibt es nichts Schlimmeres, was man sich vorstellen kann. Aber es braucht gar nicht die ganz großen Katastrophen. Nicht der Tod macht schwermütig, sondern die Angst, und, wenn der Mensch menschlich funktioniert, das Mitgefühl. Dafür sind kein

Krieg oder eine Pandemie erforderlich, es kann jederzeit und überall jeden treffen. Tschernobyl war so ein Beispiel für allerhöchste Tragik auf allen Ebenen, die zutiefst trifft. Zu sehen, wie Menschen von anderen Menschen wissend in den Tod geschickt werden, wie Babys unwissend einem langsamen und umso grausameren Tod ausgesetzt werden, wie der Tod unsichtbar jeden bedroht, wirkt beispielhaft auf allen Ebenen. Das Mitgefühl steht gleichberechtigt neben der eigenen Angst. Wer wie wir nicht direkt betroffen war, konnte etwas tun: Ganz simple Dinge wie das Fenster geschlossen halten, keine Pilze im Wald sammeln, keine Haselnüsse kaufen und Ähnliches. Aber die Bedrohung bleibt. Man kann für den Frieden und gegen Atomkraftwerke demonstrieren und trotzdem nichts dagegen tun. Die Atomkraftwerke auf der Welt, die Affen und Fledermäuse auf den Speisekarten, wahnsinnige Diktatoren nicht nur in – wie man früher sagte – Bananenrepubliken und Rassisten im eigenen Parlament – die Angst vor den echten Gefahren ist immer berechtigt.

Das einzige, was dagegen hilft, ist die Beschäftigung mit der Angst und mit dem Tod. Was schon griechische Philosophen in der Antike erkannt haben, gilt auch heute: „Memento mori", bedenke, dass das eine Leben auf jeden Fall und immer mit dem Tod endet. Verhalte dich entsprechend: Ersetze Angst um dich durch Mitgefühl für andere. Sei dir deiner Angst bewusst, aber lasse dich nicht zu Übersprungreaktionen verleiten. Was ist schlimm daran, dass das Nichts auf dich wartet? In dem Bewusstsein, dass du auf jeden Fall sterben wirst, kannst du leben. Jeder Tag Leben ist ein Geschenk. Beteilige dich nicht an dem, was falsch ist, sondern tue das Richtige. Lebe ohne Angst, aber mit Menschlichkeit. Versuche einfach, ein guter Mensch zu sein.

Woher stammt die schwelende Angst? Warum schreit ein Baby, wenn es auf die Welt kommt? Warum fühlen wir uns in der Gruppe geborgen? Vieles deutet darauf hin, dass – trotz aller scheinbaren Unterschiede – alle Menschen eins sind. Es ist ihnen nur nicht bewusst. Jeder Mensch ist, sowohl naturwissenschaftlich als auch esoterisch betrachtet, eine Energieansammlung. Und damit Teil der gesamten Energie (=Materie) der Menschheit, der Lebewesen, der Erde, des Universums. Staub zu Staub, Erde zu Erde, Energie zu Energie. Dafür sprechen nicht nur die physikalische Betrachtung, sondern auch die aus vielen Büchern bekannten Nahtoderlebnisse mancher Menschen. Dafür spricht der weit verbreitete Glaube an Reinkarnation, an Wiedergeburt. So weit verbreitet, dass er Bestandteil von Religionen ist. Sehr interessant auch das, was im Buch „Kinder erinnern sich" von Dr. Jim B. Tucker beschrieben wird: Kinder können bis zu einem Alter, an dem das aktuelle Bewusstsein die Führung übernimmt, Details aus einem vorherigen Leben beschreiben. Hypnose „beweist" immer wieder, dass wir zurückgeführt werden können. Träume. Aussagen nach dem Aufwachen aus einer Narkose. Erlebnisse von Komapatienten. Drogenerfahrungen. Nichts ist eindeutig, aber vieles wahrscheinlich. Manche bezeichnen es als Seelenreisen, aber verständlicher ist es, beim Begriff „Energie" zu bleiben.

Es läuft darauf hinaus, dass alles aus Energie besteht. Das Universum. Die Materie. Das Licht. Der Glaube. Die Sonnen geben Energie ab, ohne die Leben nicht möglich wäre. Lebensenergie. Die Planeten entstanden aus Energie, unser Mond aus einer Planetenkollision. Sie werden durch Energie auf ihren Bahnen gehalten und bestehen aus Energie. Gibt es ein Energieungleichgewicht, entstehen Schwarze Löcher, die Sonnen und Planeten verschlingen. Was geschieht dann mit der Energie? Nicht alles ist einfach zu verstehen, weil es so viel größer ist als wir. Wir sind nur ein ganz kleiner Teil der Energie, selbst als Gesamtheit der Lebewesen. Und doch ist es nur allzu überzeugend, dass wir aus der gesamten Energiemasse kommen und auch wieder dahin zurückgehen. Unsere Körper werden umgeformt, aber wir lösen uns nicht auf.

Das ist das Beruhigende an der Reinkarnation: Wir kehren in die Energiemasse, in die Geborgenheit zurück, aus der wir gekommen sind. Vielleicht kommen wir dann wieder. Die Vorstellungen eines Himmels mit Harfe spielenden Engeln oder eines Paradieses mit auf uns wartenden Jungfrauen muten doch sehr naiv an, erklären sich aber durch die kindliche Angst vor dem Nichts bzw. vor dem Unvorstellbaren. Von der Zahnfee über den Weihnachtsmann und den Kinder bringenden Storch bis zum Teufel: Wünsche und Ängste bestimmen unser Leben von klein an. Das Monster unter dem Bett, Horrorfilme, ein Spiel mit der Angst. Gevatter Tod, ein Versuch, uns spielerisch mit dem zu konfrontieren, was auf uns alle zukommt. Aber was ist es wirklich? Noch einmal: Wir alle sind eins. Wir kommen aus unendlicher, gemeinsamer Stärke, um eine Zeitlang „Allein gegen alle" zu spielen. Dabei haben wir vor allem Angst, denn wir sind allein. Wir gehen so in diesem Spiel auf, dass wir sogar Angst davor haben, dass dieses Spiel irgendwann zu Ende ist. Weil es uns nicht bewusst ist, dass wir dann in die Sicherheit der Gemeinsamkeit zurückgehen.

Angst ist ein Instinkt, angeboren, tradiert, genetisch. Genauso wie der Selbsterhaltungs- und der Fortpflanzungstrieb. Wir haben Angst vor dem Alleinsein. Angst in der Dunkelheit. Angst vor Krankheiten. Angst vor dem Versagen. Angst vor beruflichem Druck. Vor Stress. Vor anderen Menschen. Vor Verantwortung. Vor dem Spiegel. Vor dem Briefkasten. Vor der Obrigkeit. Vor der Bühne. Vor Höhe. Vor Spinnen. Und und und. All diese Ängste machen sich unter anderem Religionen und Sekten zunutze. Sie sind aus der Angst entstanden, finden in der Angst ihre Anhänger und spielen mit der Angst. Denn bekanntlich geht es in der Realität fast immer um das Unwichtigste im Leben, um Geld. In dem Moment, wo wir von scheinbar „Gleichgesinnten" umgeben sind, in der Kirche, auf der Querdenker-Demo, in der Fußballmannschaft, am Frauenstammtisch, vor dem Fernseher, am Arbeitsplatz, auf der Tanzfläche, in dem Moment haben wir keine Angst. Wir wissen, wir sind nicht allein. Umgekehrt: Wir haben eine tolle Party, einen Heimsieg, eine Chorprobe, ein Ballermann-Wochenende hinter uns und sind wieder allein zu Hause. Dann kommt die Angst, dann kommen die Depressionen. Wir flüchten uns in das Handy, den Fernseher oder verabreden uns schnell mit einer Freundin, um das Vergangene „aufzuarbeiten" und Neues zu erleben. Letztlich ist Selbstmord nichts anderes als der Versuch, der Angst zu entgehen und in die gemeinsame Energie zurückzukehren. Welche aus der Verzweiflung geborene Stärke gehört dazu, einen Suizid in die Tat umzusetzen? Und wie viel aus der Angst entstandene Schwäche liegt darin, die Partnerin (selten den Partner) zu schlagen oder ein Tier zu quälen? Der einzelne Mensch ist immer schwach, weil er unvollständig ist. Eine Eheschließung macht ihn nicht vollständiger. Aber die richtige Gruppe, angefangen bei der Familie, kann ihn stärken. Er muss nur lernen, Ängste zu überwinden, anstatt sie durch falsche Versprechungen verdrängen zu wollen. Der erste Schritt ist es dabei, Ängste zu erkennen. Dann lassen sich Schwächen verarbeiten und negative Energien vermeiden. Wenn wir alle eins sind, dann sind wir es vor allem in der positiven Energie. So wie Schenken mehr Freude macht als Geschenke zu bekommen, ist jedes positive Erlebnis dauerhafter als eine negative Tat.

Die Angst vor dem Tod bestimmt das Leben der Menschen. Die einzige, vermeintliche Ausnahme: Diejenigen, die geistig nicht in der Lage sind, diese Angst zu empfinden. Das bezieht sich aber nur auf den einen oder anderen Psychopathen. Die anderen empfinden die Angst unterbewusst und verschleiern sie mit Drogen oder Gewalttaten. Die Mehrheit flüchtet sich wahlweise in den Schutz der Religionen oder nutzt das breite Spektrum der mehr oder weniger armseligen menschlichen Möglichkeiten. „Ruhm" als Influencer oder in E-Klasse-Promis-Shows. Hyperaktivitäten. Intensive Kinderproduktion. Ämterhäufung, „Macht". Oder sie schließen sich einfach kurz und marschieren mit den abstrusesten Begründungen bei Corona-Demos mit.

Dabei gibt es eine Möglichkeit, die Angst zu bewältigen: Denken. Für viele ein schwieriger, für alle ein langer Prozess. Ein guter Anfang: Sich der allgegenwärtigen Angst bewusst zu sein.

Ganz sicher gibt es ein Leben nach dem Tod. Wobei dieser Ausdruck falsch ist. Es gibt ein Leben nach dem Leben. Es gibt ein Leben. Es gibt immerwährendes Leben, da Energie niemals verlorengeht. Alles ist Energie und bleibt Energie, nur der – vom Menschen definierte – Aggregatzustand ändert sich von Zeit zu Zeit. Wandert in der Dimension. Oder von Dimension zu Dimension, denn Energie kann alles.

Pandemie. Es führt kein Weg daran vorbei. SARS, Corona, Covid-19, Omikron … gibt man dem Ding einen Namen, wird es handfest – eine Möglichkeit, der Angst davor zu begegnen. Also, sagen wir besser nicht mehr „Der schwarze Tod", das hilft vielleicht nicht. Nennen wir es lieber nach einem Fluss, dem Ebola, oder einer Stadt wie Marburg. Oder Covid-19, das ist hübsch, in etwa wie ein neuentdeckter Stern. Ist es Angst oder Unfähigkeit oder einfach schlechtes Marketing, was Politiker, ausgerechnet Politiker, dazu bringt, das Feld zu räumen und es den Immunologen zu überlassen? Das ist ungefähr so, als wenn Ritter Sport die Werbung von einem seiner Lebensmittelchemiker/innen machen lässt. Und es reicht auch irgendwann: Nicht nur, dass die „Fachleute" ganz hervorragend darin sind, Panik zu verbreiten und sich ständig widersprechen, nein, inzwischen äußern sie sich wie Politiker. Es ist hanebüchen, was da vor den 80 Millionen Hobby-Immunologen ausgebreitet wird. Dabei überlassen die Politiker doch sonst nichts dem Zufall. Naja, es war schon immer kurios, dass sie am Wahlabend unisono verkündeten, der Wähler hätte die Wahlkampagne nicht verstanden. Wie bitte? Erstens sollen die Politiker keine Werbung machen, sondern Politik, und ist es zweitens besonders clever, vor der Kamera zu verkünden, die Wähler seien zu dumm? Wer ist denn da der Dumme? Wahrscheinlich ist dies das Problem. Und wem sollte das Pandemie-

Feld wirklich gehören? Na, den Werbe- und PR-Fachleuten, den Psychologen und den gut geschulten Politikern. Wenn es schon keine ehrlichen Menschen gibt, dann wenigstens welche, die wissen, wie man mit anderen gut umgeht. Im Hintergrund gerne die Forscher und Mediziner. Aber erst, nachdem es etwas zu sagen gibt und sie einen gemeinsamen Nenner gefunden haben. Die einzig guten Politiker sind die mit gesundem Menschenverstand.

An dieser Stelle ein Einschub: Es erübrigt sich, über die komplett wahnsinnigen Diktatoren dieser Welt, die es immer noch gibt, weil andere nur Dollarscheine in den Augen haben, Worte zu verlieren – nicht nur die Worte sind hier verloren, sondern auch die Menschen, die Schuld tragen, und alle anderen mit ihnen. Aber um zu verstehen, wie abgefeimt die Lügenmaschine funktioniert, kann man eines ruhig einmal erwähnen: Man ist so naiv, zu glauben, wenn sich so ein Monster zum Beispiel mit einer Gruppe von Flugbegleiterinnen zeigt, dass dies tatsächlich geschehen ist. Ist es aber nicht. Man hat sich nicht einmal genug Mühe gegeben, den Bluescreen-Fehler zu beseitigen, der beweist, dass es kein Treffen gegeben hat. Oder die Flugbegleiterinnen-Darstellerinnen auszutauschen, die vorher schon Lehrerinnen oder Marktfrauen gespielt haben. Das alles nennt sich dann Kriegspropaganda – in einem Krieg, der nicht so genannt werden darf. Die dunkle Seite der Macht. Gibt es eine andere?

Dass nicht nur die Politprofis, sondern auch die Virologen mit jedem Tag mehr in den Größenwahn driften, ist nicht überraschend. Nennen wir es, statt Namen zu nennen, stellvertretend den Sportler-Sänger-Moderator-Effekt. Schauspieler und Politiker sind außen vor. Denn die leben, auf unterschiedliche Weise, von vornherein auf einem anderen Planeten. Es muss ja auch nicht der ganz große Wahnsinn sein, aber wer von Null auf Hundert in die öffentliche Aufmerksamkeit gerät, bergeweise „Fan-Post" bekommt, Tag für Tag bejubelt wird, muss ganz einfach jegliche Bodenhaftung verlieren. Es ist traurig, es ist unverzeihlich, aber es ist logisch. Egal, ob man Tennis spielt, singt, plaudert oder einfach nur mit einer gewissen biochemischen Grundausbildung Scheinweisheiten verbreitet, nichts davon ist eine besondere Leistung. Jede/r, die/der es schafft, ein Kind auf dem Weg zu einem guten Menschen zu begleiten, hat etwas geleistet. Wer sich als Arzt nicht als „Halbgott in Weiß" fühlt, sondern für „Ärzte ohne Grenzen" dorthin reist, wo es einerseits wirklich weh und andererseits wirklich guttut, leistet etwas. Wer sich in eiskalten Winternächten um Obdachlose kümmert, leistet etwas. Wer Walfänger blockiert oder Flüchtlinge aus dem Meer rettet, leistet etwas. Wer alte Menschen pflegt, im Krankhaus arbeitet oder freiwillig als Sanitäter auf den Straßen unterwegs ist, leistet etwas. Umso mehr, als er es auch noch mit Hirnkranken zu tun bekommt, die diese Helfer angreifen, weil sie sich selbst angesichts der Helden des Alltags noch unnützer fühlen, als sie es ohnehin schon sind. Sogar die vielen Menschen, die in einem Call Center arbeiten, leisten viel, weil sie freundlich sind, auch wenn sie unverdient am Telefon beschimpft und beleidigt werden – und weil sie anderen Menschen meist ganz einfach helfen. Wer Tennis spielt oder eine RTL-Show präsentiert, macht seine Arbeit. Genauso wie ein Installateur, ein Straßenkehrer, ein Verkäufer. Vielleicht etwas weniger als ein Bäcker und etwas mehr als der Manager einer großen Bank. Aber es ist nichts Besonderes. Etwas Besonderes ist es, trotz aller medialen Aufmerksamkeit noch zu wissen, was Natürlichkeit und Demut sind. Das gelingt, nachvollziehbar, nur ganz wenigen. Die anderen legen sich eine Aura der unverdienten Arroganz zu, eine traurige Ausstrahlung der Lächerlichkeit. Man kann jedem von ihnen dennoch persönlich das Beste wünschen. Erkenntnis. Und uns weniger Präsenz all der Telefondesinfizierer, Werbefachleute, Virologen und Schlagersänger.

Pandemien sind nichts Neues. Neu ist vielleicht, dass die Büchse der Pandora wahrscheinlich tatsächlich in einem Labor geöffnet wurde. Neu ist, wie schnell und eigentlich gut die Wissenschaft darauf reagiert hat. Es ist beeindruckend, wie weit die Forschung bereits ist und wie viel die Menschen über Viren & Co. wissen.

Das Wissen an sich ist faszinierend. Wer hätte gedacht, wie viele Arten des hämorrhagischen Fiebers es überall auf der Welt gibt? Wie nah deren Verursacher mit dem Grippe- oder dem Herpes-Virus verwandt sind? Wie diese bekämpft werden können, wo im Körper, mit welchen Mitteln und in welchem Status der Virenentwicklung? Unglaublich viel ist bereits erforscht oder in einem Stadium, wo die vorerst letzten Geheimnisse entschlüsselt werden können. Gut, die meisten werden das alles nicht wissen wollen. Wüssten sie aber auch nur etwas davon, würden sie sich sofort impfen lassen. Liebe Mai Thi Nguyen-Kim, es gibt noch so viel auf deine geniale Art zu vermitteln.

Was wird passieren? So, wie es bei der Grippe eher im Verborgenen gelaufen ist, so öffentlich geht es jetzt ab. Wir alle wissen inzwischen, dass es immer neue Mutationen gibt und geben wird. Die nicht aus einem bestimmten Land kommen und nicht sofort entdeckt werden – was bedeutet, dass Grenzschließungen und Quarantäne mehr oder weniger nur Verzögerungstaktiken sind. Mit dem klaren Wissen, dass es in jedem Fall bereits zu spät ist. Mit der Ahnung, dass nicht jeder Impfstoff gegen jeden Virus helfen wird. Und mit der Spekulation, dass Viren nicht unbedingt das Ziel haben, ihren Wirt zu töten, sondern – und das macht Hoffnung – vielleicht schwächer und damit zu einem gewissen Grad beherrschbar werden.

Verständlich ist vieles nicht. Beispiel Südafrika: Warum wird behauptet, dass eine Virusmutation von dort kommt, nur weil es aufgrund der fortschrittlichen und gründlichen Testmethoden dort festgestellt wurde? Warum werden Einreisen von dort eingeschränkt, während die Grenzen insgesamt durchlässig bleiben? Bereits Monate vorher war in Medien zu lesen, dass in Kolumbien eine Variante des Virus entdeckt wurde, die wesentlich ansteckender als Delta und möglicherweise resistent gegen die vorhandenen Impfstoffe sei. Ob diese Variante aus Kolumbien oder sonst woher kommt, ist auch völlig egal. Es spricht jedoch sehr viel dafür, dass die hohen Omikron-Zahlen in den USA nicht von Südafrika-Reisenden verursacht wurden, sondern durch die Nähe zu Lateinamerika und die entsprechende Bevölkerungsstruktur. In jedem Fall war vom ersten Moment an klar, dass jede Mutation auch zu uns kommen wird und man nur in geringem Maße verzögern kann, um die Belastung der Intensivstationen besser kontrollieren zu können. Ein Land mitten in Europa lässt sich nicht isolieren und Viren lassen sich, außer durch Impfungen oder eine komplette Durchseuchung, nicht aufhalten. Es bleibt nur die Hoffnung, dass Viren sich einigermaßen sinnvoll verhalten und zwar ansteckender, aber weniger tödlich werden. Die wirkliche Gefahr ist also der Virus der Dummheit. Und die Frage der Zeit ist in diesem Zusammenhang, ob es noch intelligente Volksvertreter gibt. Die sagen, was wirklich Sache ist, die lesen, die richtig einschätzen können, die einen Blick für die #Zukunft haben, denen es nicht nur um Aktionismus, Pfründe, Macht und Geld geht. Die falsch von richtig unterscheiden können.

Vieles wird im Laufe der Zeit noch deutlicher werden. Aber wir wollen es ja gar nicht hören. Wir wollen übrigens auch gerne mal den Fernseher anschalten können, ohne sofort zu sehen, wie eine Impfspritze in einem Arm oder ein Teststab in eine Nase geschoben wird. Wenn dann jedes Jahr oder alle sechs Monate eine Impfung erforderlich sein wird, dann ist das eben so. Aber wir wollen andere Menschen treffen, wir wollen reisen, wir wollen möglichst ohne Maske in die Schule gehen können. Wir wollen ein halbwegs normales Leben zurück. Wir Privilegierte, die wir vorher eines hatten. Das eint uns alle.

Es wird vermutlich immer Kriege geben, Naturkatastrophen, Seuchen. Es wird immer Versuche der Natur oder welcher übergeordneten Instanz auch immer geben, das schnelle Wachstum des schlimmsten aller Parasiten, des Menschen, zu bremsen. Wir werden immer älter und wir werden, logisch, immer mehr. Vielleicht ist es nicht das Schlechteste, wenn uns die Entscheidung abgenommen wird, wo und wie wir die Menschheit dezimieren, um dem Rest ein Überleben zu sichern. Denn Triage gibt es nicht nur im Krankenhaus. Solange wir keinen Lebensraum außerhalb der Erde finden, läuft alles auf eine natürliche oder künstliche Triage nicht nur zu Ungunsten der Tierwelt, sondern auch Teilen der Menschheit hinaus.

Bei dieser Gelegenheit: Nicht von ungefähr erscheint dieser Text als Buch und nicht als Blog. Mit fast jeder Art der Online-Meinungsäußerung setzt man sich in diesem unserem Land bestenfalls einem Shitstorm aus. Ein wenig kann man dem Freudenfeuer des Analphabetismus entgehen, wenn man selbst gelassen und ein wenig ausgewogen formuliert. Das heißt nicht, dass man sich mit klaren Meinungsäußerungen zurückhalten oder weichgespült agieren soll, aber gerade das kurzlebige geschriebene Wort wird liebend gern missverstanden. Es hilft, sich mit den Emotionen zurückzuhalten und zu überlegen, wie eine Aussage beim Empfänger ankommen kann. Manches trifft zudem genauso gut oder noch überzeugender, wenn es positiv statt negativ ausgedrückt wird. Sehr vieles muss überhaupt nicht gesagt werden, weil es definitiv nicht verstanden wird, ohnehin klar ist oder nur einen emotionalen Ausbruch darstellt.

Es ist aber auch ein wenig seltsam. Bei uns ist man diese Art der Misskultur inzwischen gewohnt. In Südamerika postet jemand ein Video, in dem er Würstchen durchschneidet, in der Pfanne brät und dabei mit Cola übergießt. Dazu gibt es keinen einzigen negativen Kommentar, sondern nur Begeisterung: „Super" – „Wie lecker" – „Tolles Rezept" etc. Hier hingegen reicht es, zu schreiben, wie schön heute das Wetter ist, um Morddrohungen zu bekommen. Mal abgesehen davon, dass besonders bei den Sozialen Medien konsequent organisierte Gruppen unterwegs sind, die Unruhe und negative Stimmung verbreiten wollen: Kaum einer kann sich im verwöhnten Europa komplett davon freisprechen, am Schlechte-Laune-Syndrom zu leiden und sich mit negativer Energie aufladen zu wollen. Das ist falsch. Freundlichkeit, Verständnis und Empathie haben ein viel längeres Mindesthaltbarkeitsdatum. Trotz allem „Wehret den Anfängen" dürfen wir nicht zum Verbrauch der positiven Energie beitragen. Unsere Worte sind der Spiegel dessen, was Menschlichkeit ausmacht. Humor ist immer erlaubt. Säure verletzt den, der sie benutzt.

Die Zeit ist eine Variable. Für die meisten Menschen läuft sie zu schnell. Wie ewig erschien einem die Zeit als Kind. Als Erwachsener blickt man darauf zurück und stellt fest, wie schnell sie vergangen ist. Noch schneller läuft sie im Urlaub, wohingegen das Warten auf den Bus oder auf eine Verabredung äußerst zähflüssig erscheinen kann. Es gibt also nicht nur eine „Innere Uhr", sondern auch ein subjektives Zeitempfinden. Und es heißt, je älter man ist, umso schneller scheint die Zeit zu vergehen. Warum? Weil das Ende immer näher kommt? Weil wir irgendwann merken, dass wir keine 500 Jahre alt werden, die uns, wenn es so wäre, immer noch zu kurz erscheinen würden? Tatsächlich sollte dem Rentner die Zeit zwar endlich erscheinen, die Uhr aber langsamer laufen. Denn die Arbeitszeit war, abgesehen von interessanten Gesprächen und Erkenntnissen, verlorene Zeit. Im Alter gibt es keinen Zeitverlust, die gelebte Zeit ist pur. Wer mag, der kann arbeiten, eine halbe Stunde pro Tag, eine Stunde oder zwei. Dann bleibt immer noch genug Zeit zum Lesen, Fernsehen, Spielen, für den Garten oder andere Hobbys. Zum Musizieren oder Erlernen eines Instruments. Zum Lernen, zum Beispiel mit einem Kontaktstudium an der Universität oder Sprachkursen an der Volkshochschule. Für Renovierungs- und Urlaubspläne. Zum Geschenke kaufen. Und natürlich für Fahrradtouren in Deutschland ebenso wie Reisen in andere Länder, sofern es die politische Lage, die Gesundheit, die Reisekasse und, vielleicht verlässt uns dieses Thema nie mehr, die allgemeine Pandemie-Situation zulassen. Ein erfülltes, bewusstes Leben dehnt die Momente aus, es füllt die Zeit und lässt sie praller erscheinen. Was größer ist, scheint sich häufig langsamer zu bewegen. Zeit ist relativ, wie Energie. Sie lässt sich zur besseren Verständigung in Einheiten einteilen. Aber die Bedeutung, die Erlebbarkeit der Einheiten ist subjektiv. Selbst in der Quantenphysik läuft es darauf hinaus, dass Zeit und Raum die Einheiten sind, mit denen man nicht zu spät zum Essen kommt. Genießen wir also die Zeit und machen wir aus einer Minute eine Stunde. Es liegt ganz bei uns.

Der Friede sei mit uns. Wir friedlich können Menschen sein? Wie viel Aggression steckt, ehrlich gesagt, in uns? Wer kann ernsthaft von Weltfriede sprechen, wenn er sich über andere Autofahrer aufregt oder sich mit seinem Nachbarn streitet? Überall, wo Menschen zusammenkommen, gibt es auch Zwistigkeiten. Im Supermarkt, im Straßenverkehr, bei einer Einwohnerversammlung, in der Schule – und das nicht nur auf dem Pausenhof, sondern auch beim Elternabend. Wer wundert sich darüber, dass ein Land von den Machthabern eines anderen annektiert wird, wenn sich im Billigmarkt Hausfrauen um Toilettenpapier streiten?

Was ebenso demoralisiert: Wenn syrische Kinder vor einer Migrantenunterkunft mit Plastikpistolen aufeinander schießen. Ist es Verarbeitung von Kriegstraumen, wenn man Krieg spielt? Wie können die Eltern dies zulassen? Sind Leben und Tod generell einfach nur ein Spiel?

Nicht jeder ist ein Gandhi. Aber vielleicht sind viele Tiere doch die besseren Menschen. Pazifismus ist kein Ozean, sondern der einzig mögliche Weg, sich weiterzuentwickeln. Wer es einmal versucht hat, zurückzustecken, sich selbst kritisch zu beobachten und sich klar und deutlich für den Frieden zu positionieren, der wird diesen Schritt sein Leben lang nicht vergessen. Frieden ist nicht nur ein Ziel für die Welt, sondern das Lebensziel jedes Einzelnen. Man muss es nur verstehen.

Eine kurze Bestandsaufnahme in Schlagworten:

Schönheit. „Schön ist eigentlich alles, was man mit Liebe betrachtet." Das hat der deutsche Dichter Christian Morgenstern gesagt. Man kann es auch anders betrachten: Eigentlich sind die Menschen allesamt hässlich – um das herauszufinden, muss man noch nicht mal in eine gut besuchte Sauna oder an einen FKK-Strand gehen. Doch wirklich schön ist vielleicht ein Gepard in Bewegung, die Momentaufnahme von einem Naturereignis, ein gemaltes Bild oder – für die Ohren – ein Musikstück. Natürlich kann auch ein Aktfoto schön sein, besonders in Schwarz-Weiß, aber ein Foto zeigt nicht die Wirklichkeit. Heute sind diese Fotos meist manipuliert oder das Motiv ist „in Szene gesetzt", so wie wir beim Sex den anderen kritiklos als schön empfinden, weil wir in diesem Moment ganz besonders von den Hormonen beherrscht werden. Ganz neutral betrachtet, ist kein nackter Mensch schön. Umgekehrt heißt das jedoch auch, dass es egal ist, wie alt jemand ist und wie sehr er einem aktuellen Schönheitsideal entspricht. Denn, und das ist das Wesentliche: Schönheit kommt von innen. JEDER ist schön, wenn seine Erscheinung von seinem Inneren beherrscht wird, wenn sein gutes Herz, seine Liebe, seine Energie eine Aura bilden, die das reine Äußere überstrahlt. Wenn dieser Mensch dann auch noch mit liebenden Augen betrachtet wird, ist alles andere nicht nur unwichtig, sondern nicht existent. Alles ist Energie, und Energie ist immer in Bewegung.

Emotionen. Die Emotionen sind unrettbar verloren. Man braucht gar nicht in das Gesicht eines kleinen Kindes zu schauen, um sich darüber klar zu werden, was man verloren hat. Es genügt, sich an die Intensität der Gefühle zu erinnern, die mit der Verliebtheit einhergingen. Wie intensiv hat man sich nach der anderen Person gesehnt, wie wichtig war der Sex, wie stark auch die negativen Gefühle, die man empfunden hat! All das war wirklich überwältigend, es hat den Körper überschwemmt, in jeder Faser zum Zittern gebracht. Um das ansatzweise nachzuempfinden, sich zu erinnern, kann man sich einen Film wie „Gimme Shelter" von den Rolling Stones ansehen. Allein bei der Musik wird klar, was man verloren hat. Diese Musik hat genügt, um unbeschreibliche Empfindungen auszulösen – wie man in dem Film dazu in allen Szenen sehen kann. Und natürlich hat man so intensiv empfunden, diese Gefühle aber gleichzeitig als etwas Selbstverständliches betrachtet, was es damals auch war. Aber heute, heute ist es dem alten Körper absolut unmöglich, auch nur annähernd zu empfinden! Kein Wunder, dass es schwer fällt, dem Sex noch echte Bedeutung beizumessen.

Kann es sein, dass der Verfall der Zellen, das Abbrechen der DNS, das den Körper altern lässt, auch die Gefühle mehr und mehr brüchig macht? So lange, bis sie taub sind? Man kann sich einreden, noch intensive Gefühle zu haben, man kann versuchen, das natürliche Feuer durch Offenheit, durch Hilfsbereitschaft, durch ein Lächeln, durch ein ruhiges, herzliches Wesen zu substituieren. Aber es bleibt ein Ersatz, so wie der Geschmackssinn immer höhere Reize benötigt, ohne die Überraschung des Neuen simulieren zu können. Die Sensation der Gefühle ist langsam gestorben, immer mehr. Die Gefühle haben Schweigepflicht, sie sind unrettbar verloren ... „Bauer sucht Frau" kann da auch nicht helfen.

Einsamkeit. Eine der zentralen Fragen, neben der nach dem Sinn des Lebens, lautet: Wie allein ist man im Leben? Als denkender Mensch kommt man nicht darum herum, sich mit dieser Frage zu beschäftigen, und die Antwort lautet: Letztendlich ist fast jeder fast immer allein. Allein ist man niemals bei der Geburt, aber fast immer im Tod. Allein ist man auf jeden Fall auch in einer Partnerschaft, denn der Mensch ist so geschaffen, dass Egoismus immer überwiegt.

Weshalb suchen die Menschen Halt in Religionen, im Aberglauben, in der Sucht? Weil sie allein sind.

Die Frage des Alleinseins muss man für sich ganz persönlich lösen, um leben zu können.

Kann man in dem Bewusstsein leben, allein zu sein? Jeder kann gelegentlich Erlösung finden, in guten Stunden, mit jemandem aus der Familie, einem Freund, einem Kollegen. Diese Stunden sind selten, aber sehr wertvoll. Demnach bleibt, dass man mit der Einsamkeit leben muss, sich dahingehend arrangieren muss, dass man das Alleinsein als Freund akzeptiert und so ein leicht getrübtes, aber zufriedenes Leben führen kann.

Rituale. Die Menschen brauchen wiederkehrende Rituale. Sie suchen fortwährend – und seit eh und je – Sicherheit in einer sie umgebenden Gemeinschaft, in festen Zeiten und immer gleichen Handlungen. Warum? Weil jeder Mensch für sich alleine schwach ist. So schwach, dass er in kompletter Isolation schon bald sterben würde, so schwach, dass er bei Druck, den er allein ertragen muss, aggressiv wird, so schwach, dass er aus der Gemeinschaft heraus so viel Sicherheit bezieht, dass er seine Angst vor dem Alleinsein mit der Ausgrenzung von Stärkeren bekämpft.

Nur deshalb gibt es Religionen, gibt es den sogenannten Glauben, der die Furcht vor dem Unbekannten durch scheinbares Wissen ersetzt, gestärkt von der großen Mehrheit der Schwachen. Religionen mit ständig wiederkehrenden Ritualen, Messen, immer zur gleichen Zeit und immer mit identischem Ablauf.

Deshalb wird um zwölf Uhr gegessen, deshalb geht es jeden Abend in die Tanzbar oder die Stammkneipe, deshalb scharrt man Freunde um sich oder veranstaltet Familientreffen, organisiert Sportvereine, gemeinsame Wanderungen, Karnevalsumzüge, Bollerwagentouren, Kegelgruppen und vieles mehr. Und deshalb verzweifeln die Menschen meist, wenn sie geschieden werden.

Jeder Mensch ist alleine schwach. Nur das Wissen darum kann ihn stärken.

Tod. Natürlich ist der Tod in Wirklichkeit willkommen. Nicht bei einem Kind, das noch nicht dabei ist, seine Gefühle zu verlieren. Aber bei einem Menschen, der gelebt hat. Der Enttäuschungen erlebt hat, die seine Erwartungen korrigiert haben. Der aber auch gelernt hat, Momente zu genießen – und das Leben besteht aus vielen Momenten. Carpe diem: Nur wenn dir wirklich klar ist, dass du nicht ewig lebst, dass es jeden Tag vorbei sein kann, nur dann kannst du den Tag wirklich genießen.

Man muss den Tod nicht herbeisehnen. Das tun nur Menschen, die sich verpflichtet fühlen, Erwartungen gerecht zu werden. Aber man kann ihn willkommen heißen, bereit sind für sein Erscheinen und sich nicht mit Macht gegen ihn wehren. Wenn es soweit ist, braucht man keine Medikamente zu nehmen, um den Tod hinauszuzögern oder zu besiegen.

Leben mit dem Tod – Wissen, das helfen kann. Mit dem man sehr viel ruhiger werden kann. Gefährliche Situationen muss man nicht suchen, ihnen aber auch nicht aus dem Weg gehen. Man kann weniger Erwartungen an andere haben, weil man weiß, dass man Bewusstsein nicht voraussetzen darf. Verstehen, was im Hier und Jetzt wichtig und was bedeutungslos ist. Das zahlt sich jeden Tag aus: mit Gefühlen, die einem entgegengebracht werden, und mit einem intensiveren Leben.

Ja, es ist nie zu spät, mit dem Leben zu beginnen, einiges wieder gut zu machen, was man mangels Erfahrung vorher nicht geschafft hat. Man kann Leben weitergegeben, Gedanken, Spuren hinterlassen. All das ist Teil der Energie, in die man zurückgehen wird. Nicht mit Freuden, aber ohne Angst. Gespannt sein auf das, was einen erwartet – auch wenn man weiß, dass man es nicht mit dem erleben wird, was Bewusstsein genannt wird.

Liebe. Man kann an die Liebe glauben. Oder man kann nicht an die Liebe glauben. Man kann Liebe erleben. Oder man kann glauben, Lieben zu erleben. Liebe fällt nicht vom Himmel– ein gewisses Verliebt sein vielleicht, aber auch nur, wenn man sehr jung ist. Die Desillusionierung folgt recht bald. Sex wird ständig mit Liebe verwechselt. Hinzu kommt die Suche nach Halt, nach Sicherheit, Geborgenheit, die Angst vor dem Alleinsein und letztlich vor dem Tod. Wer möchte schon alleine sterben.

Das, was man wirklich Liebe nennen kann, wächst mit der Zeit. Mit den gemeinsamen Erfahrungen, Dingen oder Verhaltensweisen, die einem vertraut sind, mit äußeren und inneren „Unebenheiten", die einen Menschen zu einem Individuum machen.

Die perfekte Liebe aber ist die unerfüllte, die auf Distanz. Zu viel Nähe zerstört die Liebe. Oder philosophisch gesagt: Eine Liebe beginnt in dem Moment zu sterben, in dem sie Erfüllung findet.

Innehalten. Es geht darum, ob man bereit ist, seinem Leben noch mal ein wenig eine andere Richtung zu geben. Im Laufe von Jahrzehnten bildet man sich eine Schablone, aus der man allein nicht herauskommt. Es bedarf eines Moments des Innehaltens; ein kleiner Schubs, der den „Planeten Gewohnheitsmensch" aus seiner Bahn bringt. Geschieht dies unkontrolliert, wird man zum Kometen mit unkontrollierter Richtung. Ziel soll aber sein, in den gewohnten, gleichmäßigen Bahnen zu bleiben, aber mit etwas mehr Lebensfreude, etwas mehr Freiheit, etwas mehr Sicherheit.

Das geht nur durch einen Dritten. Eine Person, die einen kennt, respektiert und selbst auch akzeptiert wird. Die selbst herausgefunden hat, wie man in der Spur bleibt, aber mit etwas mehr Spaß und etwas weniger Tunnelblick.

Grundsätzlich ist es egal, ob man allein lebt oder in einer Partnerschaft. Wer allein lebt, muss allein mit Spaß leben, allein lachen, allein die Momente genießen. Wer sich in einer Partnerschaft befindet, muss die Ruhe finden, lernen, das Positive zu sehen, die eigene Stärke zu finden statt Täter und Opfer. Voraussetzungen: Bereitschaft. Zeit. Handyverzicht.

Das Ziel: Ein anderer Blickwinkel. Ein wenig Entspannung in fremder Umgebung, aber vertrauensvoll begleitet. Die Wiederentdeckung des befreiten Lachens. Etwas Philosophie. (Wird das Ziel nicht erreicht, hat man schlimmstenfalls etwas Urlaub gemacht.)

Die Philosophie: Wir müssen definitiv alle sterben, und das bald. Die einzige Möglichkeit, wie wir uns unsterblich machen können, ist, uns mit dem Herzen und der Seele unvergesslich zu machen. Dafür müssen wir uns in uns selbst wohlfühlen, jeden Moment genießen. Nur dann können wir das verschenken, was wir von anderen schon im Leben zurückbekommen werden. Wir wollen keine Zeit mehr verlieren.

Übrigens: In jedem Moment, in dem wir uns nicht gut fühlen, geht es fast allen anderen Menschen noch schlechter als uns. Nur wir haben es in der Hand, zu erkennen, wie gut es uns geht. Dazu gehören Offenheit, Demut und Dankbarkeit.

Der Mensch. Zu einer Bestandsaufnahme gehört aber auch der Mensch an sich, also der schlechte Mensch, der schwache Mensch, der kranke Mensch, der Egoist, der Verführte, der Rücksichtslose, der Verlorene. Menschen mit Synapsen-Problemen hat es immer gegeben und gibt es unverändert. Die harmloseste Variante: Warum hält ein Besucher bei einem Konzert der Rolling Stones auf Kuba ein Maradona-Trikot hoch? Sehr menschlich, aber schon weniger harmlos: Die täglichen Duelle auf unseren Autobahnen mit der Mordwaffe Auto. Und das: Wie kann eine Frau die Existenz von Covid-19 leugnen, deren Mann gerade daran verstorben ist? Wie kann ein ganzes Volk, angeführt von irren Propagandisten, den Brexit fordern, obwohl völlig offensichtlich ist, wohin das führen wird? Wie kann es sein, dass heute noch die größten Volkswirtschaften der Welt von wahnsinnigen Diktatoren geführt werden? Öffentlich, da die Medien in der heutigen Zeit alles Unvorstellbare zeitgleich in die Welt hinaustragen. Die tägliche Apokalypse hat schon längst begonnen.

Ein anderes Beispiel: Terroristen. Also am Leben gescheiterte Versager, die nicht einmal eine Laufbahn als Kleinkriminelle auf die Reihe bekommen und sich in ihrer Schwäche von anderen dazu bringen lassen, sich selbst in die Luft zu sprengen – sofern sie wenigstens dazu den Mut aufbringen und nicht weglaufen. Die Aktionen sind natürlich sinnlos. Ihr Leben ist dann auf jeden Fall vorbei. Und sie werden nicht mit Jungfrauen tanzen, sondern von Würmern zerfressen oder bestenfalls in einer Dauerhölle von ihren Opfern gequält. Sie wollen Aufmerksamkeit für ihre „Sache"? Die bekommen sie – etwa so wie ein Fußballspieler oder ein Schauspieler im „Tatort". Und egal, ob sie fünf oder 50 Opfer mitnehmen, an der Welt ändert sich dadurch nichts. Dafür müssten sie Millionen töten, aber dafür fehlen ihnen die Intelligenz und die Kreativität. Da sie ziemlich ziellos töten, gehören oft auch echte Islamisten zu ihren Opfern, auch das wird wohl kaum ihren Gott begeistern. Kurz: Diese Terroristen sind das Gleiche wie Hooligans, wie Rocker, wie viele Insassen von Jugendstrafanstalten – ein Ungleichgewicht der Hormone, gepaart mit Erziehungsfehlern und einer zu großen Nase im Spiegelbild. Und der Beweis dafür, dass die Evolution noch sehr viel aussortieren muss, damit die Menschheit wirklich eine Chance hat, zu überleben. Sterben müssen wir alle sowieso, und ob das früher oder später passiert, macht letztlich keinen Unterschied. Daher werden sie die vermeintlichen Ziele niemals erreichen, die sie tatsächlich gar nicht haben. Denn wie bei allen kriminellen Banden stecken einige wenige dahinter, die sich auf Kosten der ganz Dummen bereichern und ein schönes Leben machen wollen. Alte Terroristen mit Sprengstoffgürtel gibt es nicht.

„Die Dummen sind so sicher und die Gescheiten so voller Zweifel."   *Bertrand Russell*

Teil 2, in dem es darum geht, trotzdem einen Weg zu finden, der die Menschen darin vereint, für alle ein lebenswertes Überleben zu schaffen.

Albert Einstein war schneller als das Licht. Und das nicht nur relativ. Alle anderen Menschen sind es auch, obwohl man sich das bei vielen gar nicht vorstellen kann. Allerdings gibt es schon Unterschiede: Da sind die Schnelldenker und die Menschen mit einem „Tempolimit" im Gehirn. Es geht darum, wie schnell sich Neuronen synchronisieren können – und das ist von Mensch zu Mensch verschieden. Manche benötigen 1/8 Sekunde für einen Gedanken, andere sind mit bis zu 1/60 Sekunde recht flott unterwegs.

Die Signalleitungen in Nervenzellen arbeiten mit einer Geschwindigkeit zwischen 4 und 100 Metern pro Sekunde (je nach der Leitungsart und ihrer Umwicklung mit Myelin). Ein Gedanke entsteht aber nicht in einer Zelle, sondern in einem ganzen Netzwerk. Die Geschwindigkeit ist also nie genau zu bestimmen.

Mit Albert Einstein wurde1905 jemand in die Welt gesetzt, der ausgesprochen schnell denken konnte. Nur so ist es vorstellbar, dass ein Gehirn Genialität produziert. Seine berühmteste Formel: E gleich m c

Quadrat. Übersetzt: Der Energieinhalt einer Masse ergibt sich dadurch, dass man sie zweimal mit der Lichtgeschwindigkeit multipliziert, dem Maß also, das Raum und Zeit ins Verhältnis setzt. Jede Atombombe zehrt davon. Trotzdem könnte selbst ein entsprechend ausgestatteter, ultimativer Raketenantrieb „Enterprise" & Co. nicht über die Lichtgrenze hinauskatapultieren. Die Lichtgrenze überschreiten zu wollen, bedeutet immer, aus dem Universum herauszufliegen – in jedem Sinne des Wortes.

Das Licht benötigt bekanntlich etwa 8 Minuten von der Sonne zu uns. Legen wir uns auf einen Liegestuhl, lassen wir uns von der Vergangenheit bescheinen. Würde die Sonne explodieren, bemerken wir es erst Minuten später. Eher gar nicht mehr ... Von Zeit zu Zeit ist am Nachthimmel schon zu sehen, wie ein Stern zur Supernova wird. Nur, dass dies ein echter Klassiker ist, weil die Explosion schon vor Tausenden Jahren stattgefunden hat. Schneller als das Licht zu reisen, würde uns also zum einen in die Vergangenheit befördern, zum anderen an der Sonne vorbei, durch die Sonne hindurch; unbedeutend, da wir nicht mehr in unserem Universum wären.

Würden wir bei einer solchen Reise jünger werden? Relativ werden wir es bei jeder Reise durch das

All, da die Zeit währenddessen langsamer verläuft als für die Menschen auf der Erde.

Bei CERN in der Schweiz (Europäische Organisation für Kernforschung) sollen sie es einmal geschafft haben, die Lichtgeschwindigkeit zu übertreffen. Das heißt, die Botschaft kommt im Prinzip an, bevor sie abgesendet wurde. Unvorstellbar. All das ist unvorstellbar, wenn man nicht so ein geniales Gehirn hat wie Albert Einstein, Stephen Hawking oder Johann Wolfgang von Goethe. Menschen, welche die Menschheit weiter gebracht haben als ein kleiner Sprung von Armstrong auf dem Mond. Aber ist es ihnen gelungen, uns eine Perspektive zu geben? Eine dauerhafte Perspektive, die allen Naturgesetzen trotzt, welche sich dem unaufhaltsamen Wachstum der Menschheit auf einem Sandkornplaneten entgegenstellen? Oder was ist die Lösung? Die Evolution? Die Ausbreitung im Weltall? Die Apokalypse? Das Zusammenziehen des Universums und der erneute Urknall?

Apropos Hawking: Er hat – vergeblich – davor gewarnt, eine Sonde mit Lebenszeichen und einer umfangreichen Dokumentation über die Menschheit ins All zu schicken. Die Voyager Golden Records wurden 1977 an Bord von Voyager 1 und 2 als Botschaften an Außerirdische auf den Weg gebracht. In der Hoffnung, dass Aliens etwas von der Menschheit und ihrer Position im All erfahren, werden sie in absehbarer Zeit unser Sonnensystem verlassen. Warum sollen Außerirdische von uns erfahren? Ein bisschen interstellare Angeberei? Oder erwarten wir, dass Wesen auf anderen Planeten besser sind als die Menschheit und unsere wertvolle Kultur vor oder nach dem Aussterben bewahren? Ist es nicht eher so, dass wir unnötigerweise auf unsere schwache Existenz hinweisen und den Feind auch noch von außerhalb auf das sinkende Schiff holen?

Vorbehaltvolle Abschlussgedanken, langsam und wiederholbar: Wenn es menschen- und vermutlich auch tiermöglich ist, schneller als das Licht zu denken, hält uns das Denken jung oder macht es uns gar jünger? Denken wir uns in die Vergangenheit oder aus dem All heraus? Denken wir im Traum (noch) schneller, anders oder uns in die Irre? Ist es der Evolution vorbehalten, die gesammelten Gedanken der Menschheit sinnvoll zu verknüpfen, oder sind sie größtenteils Energieverschwendung – was im Sinne des Energiekreislaufs nicht möglich sein sollte? Was bringt uns also das ganze Schnelldenken der nicht so genialen, wenn uns schon die genialen Köpfe einer überlebbaren #Zukunft nicht nähergebracht haben? Hat der Menschenschwarm Recht, der einfach so vor sich hinlebt, ganz ohne Gedanken an ein übergeordnetes Dasein, an eine #Zukunft, die über das Morgen hinausgeht, an ein Ziel, das sich nicht nur an verbliebenen Instinkten und biologischen Grundbedürfnissen orientiert? Oder dürfen wir hoffen? Zum Beispiel darauf, dass unsere Gehirne wie ein Brachland darauf warten, dass es weder auf die Geschwindigkeit noch auf die Größe ankommt, sondern auf die Technik? Darauf, dass genutzt wird, was aus unbekanntem Grund bisher verborgen bleibt.

Weltfriede ist nicht mehr das höchste Ziel. Das ist gut, denn selbst die Evolution hat uns diesem bislang keinen Schritt näher gebracht. Man braucht sich nur in der Welt umzuschauen. Wär ja auch blöd für das Land, in dem wir leben, wo es doch so gut an den Rüstungsexporten verdient …

Was wir jetzt – und keinen Tag später – benötigen, ist die Rettung der Welt. Oder besser: Die Rettung der Menschheit. Denn die Aussicht ist nicht die schlechteste, dass es die Welt auch diesmal schafft, sich langfristig von ihrem – zugegeben äußerst hartnäckigen und lästigen – Parasiten zu befreien und mit etwas Zeit, so zwei bis drei Millionen Jahre, zu regenerieren. Sie wird ziemlich ramponiert sein, aber das wäre auch nicht das erste Mal. Irgendwann ist es mit der Welt dann sowieso vorbei: Sie stürzt in die Sonne, ein

Meteorit fällt auf Nordkorea oder die ganze Galaxis wird von einem schwarzen Loch verschluckt.

Der Mensch hat nun mal einen ziemlich starken Überlebensinstinkt, steckt darin irgendein Sinn? Man fühlt Verantwortung für sich und, wenn man nicht gerade Terrorist, Psychopath oder Politiker ist, auch für die folgenden Generationen. So kommt man zu dem Schluss, dass Klimawandel und Überbevölkerung die Herausforderungen sind, an denen außer den ganz Alten, die ihr Haus weit weg von Bergen und Flüssen nicht mehr verlassen, niemand vorbeikommt. Allerdings sind es oft die Betreuungseinrichtungen, die dort errichtet werden, wo die Natur als erstes zurückschlägt. Vielleicht steckt auch darin ein höherer Sinn und nicht nur der unmoralische Geschäftssinn der Begüterten. Honi suit que mal y pense.

Immer schon war die Landflucht ein beliebtes Mittel, um zu überleben: Ich gehe dorthin, wo es mir finanziell besser geht, wo es mehr Geld gibt, das mir ergo ein besseres Leben ermöglichen kann. Kurze Wege, gute Einkaufsmöglichkeiten, schnelle Kontakte. Wahrscheinlich spielt auch dabei die Angst eine Rolle, wie bei fast allem. Geborgen bin ich dort, wo wenig Platz ist. Im Mutterleib, in der Familie, in der Weihnachtsmesse, im Karnevalsverein, in der

WhatsApp-Gruppe, in der Millionenstadt. Ich lebe meine Individualität aus, indem ich Uniform trage: als Soldat, als Banker, als Punker oder Grufti.

Angst begründet vieles, insbesondere die Religionen und Sekten. Wie sollte der Mensch auch keine Angst haben angesichts der Unendlichkeit des auseinanderstrebenden Weltalls? Angst steckt dahinter, wenn Menschen (wie 1978 im Falle der Volkstempler oder 1993 der Davidianer in Waco) lieber in der Gruppe in den Tod gehen als alleine zu leben. „Was machst du an Silvester." – „Warum? Ich bin allein zu Hause." – „Waaaas?" Angst ist es, wenn Männer Frauen schlagen – oder ausnahmsweise umgekehrt. Und nichts anderes als Angst bringt Menschen dazu, sich und andere mit einem Sprengstoffgürtel in die Luft zu sprengen oder im Fußballstadion in der krakeelenden Gruppe auf diejenigen loszugehen, die sich mit Blau-Weiß statt Schwarz-Gelb schmücken.

Ausgangspunkt von Aggression und Wahnsinn sind immer Angst und Schwäche. Ziel sind häufig diejenigen, die Ängste überwunden haben, und diejenigen, die selbst noch schwächer erscheinen oder am entsprechenden Ort in der Minderheit sind: Frauen, Kinder, Schwule, andere Rassen, andere Nationen, Andersgläubige, Nichtuniformierte, Behinderte.

Der Mensch ist und bleibt instinktgetrieben. Selbst das Hören von Musik ist unter anderem als Fluchtversuch aus der Angst zu verstehen. Lass die Musik lauter sein als meine Angst, mich ablenken von meinen düsteren Gedanken. In der Gruppe bin ich geborgen – als Cheerleader, Messdiener, Ultra oder Swinger. Einzeln sind wir sonderbar, gemeinsam sind wir stark.

Stärke zeigt, wer den Schwachen hilft. Was zur Folge haben kann, dass er selbst mehr in den Vordergrund tritt. Oder – in den wirren Gedankengängen der wahren „Schwachsinnigen", im Sinne schwachen – dann selbst als schwach erscheinen könnte. Das ist tatsächlich häufig immer noch so. Die „Krone der Schöpfung" nennen sich meist diejenigen, die es mit Mühe und Not zum Bodensatz der Gesellschaft geschafft haben. Querlesen heißt, einen Text nicht zu lesen, sondern zu überfliegen und mit eigenen Worten eine Vorstellung des Gelesenen zu formulieren. Querdenker sind Wesen, die nicht selber denken können, sondern sich dem anschließen, was andere für sie in aller geistigen Kürze vorformuliert haben. Zweifellos gibt es und gab es immer Langsamdenker, Schwachdenker, Nichtdenker. Aber Nichtdenker werden von Nichtdenkerlenkern nicht so betitelt, denn selbst Schwachdenker wissen, dass es Angstbesessene noch ängstlicher macht, wenn man ihnen ei-

nen Spiegel vorhält. Denken kann Angst machen –
das weiß jeder, der mit Depressionen zu tun hat und
es nicht schafft, den sich immer wiederholenden Gedanken irgendwann ein Ende zu setzen. Mut macht
die Masse, der kollektive Gedankenblocker, der mit
purer Emotion jegliches Denken ausschaltet. Massiv
zu erleben in einem gefüllten Fußballstadion oder in
Schwarz-Weiß-Filmen über das sogenannte 3. Reich.
Je schwacher der Geist, umso einfacher ist es schon
für einzelne Energiesauger, ihn zu manipulieren, mit
künstlichem Background auszustatten.

Von allen Bedrohungen, denen wir tagtäglich bewusst oder unbewusst ausgesetzt sind, hat sich trotz
der attraktiven Medienpräsenz unserer kleinsten Mit-
bewohner, der Viren, jedoch der Klimawandel deutlich in den Vordergrund geschoben. Und lässt sich, so
gern das viele möchten, von dort auch nicht vertrei-
ben. Schuldige werden immer gesucht und gefunden,
dort, wo es je nach Lobby-Einfluss gerade passt. Dass
der Weihnachtsumsatz des Einzelhandels sinkt, ist
zum Beispiel die Schuld des Virus, der Politik, des
Wetters, des Internet-Handels. Vielleicht ist es aber
auch ganz anders. Möglicherweise haben doch einige
Zahnräder ineinander gegriffen und es hat bereits ein
gewisses Umdenken stattgefunden. Die Erkenntnis,
dass ein Höher Schneller Weiter an Konsum noch

weniger Sinn ergibt als im Sport. Der Blick auf den Überfluss im Eigenheim im Vergleich zu den Bildern an den EU-Grenzen. Die große Langeweile in der Käuferschlange im Gegensatz zu den wahren, nicht käuflichen Werten. Vielleicht hat der Wertewandel doch schon begonnen, der Überlebensinstinkt sein zartes Stimmchen erhoben. Gedanken sind frei - denken wir positiv in Schwarz-Weiß-Land. Wir sind dazu fähig, unseren Irrweg zu erkennen. „Freedom is just another word for nothing left to loose", sang Janis Joplin. Nur das freie Denken, das dürfen wir nicht verlieren.

Was macht den menschlichen Menschen aus? Wahre Kultur erkennt man nicht an dem, was man sich für Geld kaufen kann, sondern daran, wie eine Gesellschaft mit den Schwachen, mit den Tieren, mit der Welt umgeht. Es ist faszinierend, wie sozial Tiere sein können. Pferde zum Beispiel sind Flucht- und Beutetiere, die in ihrer natürlichen Umgebung nicht ohne die Herde überleben können. Deshalb verfügen sie über eine überragende emotionale Intelligenz, die sich u. a. in ausgezeichneter Fremdsprachenkenntnis ausdrückt. Sie verstehen die Körpersprache der unterschiedlichsten Spezies, bekanntlich auch der Menschen. Wir kennen auch die vielen Geschichten von Begegnungen mit Delfinen, haben von der Erforschung der Wildgänse durch Konrad Lorenz gehört oder selbst im Freigehege das Verhalten der Primaten bestaunt. Und wir sind sehr beeindruckt von einschlägigen Filmchen in den, man beachte den Namen, „sozialen Medien": Kuscheln mit Kühen, artübergreifende Partnerschaften oder eine Krähe, die eine Maus mit Essen versorgt. Spektakulär. Aber der Mensch erdreistet sich, nicht nur Haustiere zu quälen und auszusetzen, sondern in Massentierhaltung zu foltern und Völkermord zu betreiben. Wer das einmal persönlich gesehen hat, kann sich nicht mehr davon distanzieren.

Warum sind Menschen, die doch auch auf das Zusammenleben angewiesen sind, auch untereinander häufig so unsozial wie Goldhamster? Grundsätzlich verfügt jede Spezies über die Intelligenz, die sie zum Überleben benötigt. Den Spieltrieb und damit die „freie Intelligenz" gibt es als Extra dazu – das macht offenbar den kleinen, aber entscheidenden Unterschied. Haben die „Asozialen", also Menschen, die unfähig sind, sich in die Gemeinschaft einzufügen, nie gespielt? Weil man sie nicht gelassen hat? Oder weil Ihnen die individuelle freie Intelligenz von vornherein fehlt? Hätten wir eine bessere Gesellschaft, wenn jedes Kind in die Spieltherapie gehen würde? Oder gibt es einfach Menschen, die anderen als 1-jährige den Bauklotz über den Kopf hauen und

70 Jahre später US-Präsident werden? Ist es akzeptabel, dass in einer Reihenhaus-Gemeinschaft von 48 Parteien mindestens 12 dabei sind, die statt zu grüßen auf ihre Brötchentüte starren, sich jedweder Tätigkeit für die Gemeinschaft verweigern und Kinder zeugen, die dann ebenfalls auf einer Insel aufwachsen? Für wen werden die „Reality"-TV-Programme gemacht, die einerseits günstig zu produzieren sind, andererseits offenbar auf eine wachsende Zuschauermenge treffen? Wie geistig schwach ist die Gesellschaft?

Evolution hin oder her – soziale Verantwortung macht den Menschen aus. Wir sind eben nicht allein, keiner von uns ist ein Kaspar Hauser. Obwohl … ist es nicht paradox, wenn sich eine Gruppe von Hospitalisierten zusammentut, um Autos anzuzünden und Geschäfte zu plündern? Oder sind dafür, neben einigen anderen Umständen, ganz einfach die Hormone verantwortlich? Vielleicht ist ihnen das Ganze ein paar Jahre später sogar peinlich, trotz der tief verwurzelten Erziehungsdefizite. Wie viele der Spontis, Faschos, Antifas und Nazis (grobpsychologisch alles dasselbe) sind über sechzig Jahre?

Hilfe für die Schwachen, das macht den Menschen aus – nicht die Möchtegernzerstörung der vermeintlichen Gesellschaft. Kultur ist nicht nur Feinsinn, sondern auch Stärke.

Kann Anarchie eine Staatsform sein? In seiner Erzählung „Ein anarchistischer Bankier" von 1922 beschreibt Fernando Pessoa, dass ein Bankier als überzeugter Anarchist gezwungen sei, zu Reichtum zu kommen. Diese wahrhaftige Kritik am Kapitalismus bedient sich des scheinbaren Widerspruchs, um die unerhörte Bereicherung des Einzelnen argumentativ zu rechtfertigen. Aber ist das so weithergeholt? In einer Welt, in der Kommunisten – zum Beispiel als Gewerkschaftler/Betriebsräte in den größten Industrieunternehmen – lautstark die Ungerechtigkeit anprangern, selbst aber ähnlich einkommensstark angesiedelt sind wie ihre vermeintlichen Gegner auf Arbeitgeberseite und einem entsprechend opulenten Lebensstandard frönen? In der selbsternannte „Anarchos" das kaputtmachen, was sie angeblich kaputtmacht – aber nur an angestellte Polizisten und an kleine, selbstständige Ladeninhaber herankommen, deren mühsame Existenz dabei zerstört wird? Würden diese Anarchos das ernst nehmen, wofür der Begriff steht, suchten sie sich ganz andere Ziele aus – die sie nicht mit Gewalt zerstören könnten, sondern mit Intelligenz. Es geht ihnen aber nicht um die konstruktive Anarchie im Sinne des Einzelnen und der Gemeinschaft, sondern um ein momentanes, rein destruktives Gemeinschaftserlebnis, um Gewalt.

Die Anarchie bezeichnet einen Zustand der Abwesenheit von Herrschaft, mithin auch einer Herrschaft des Volkes, der Demokratie. Nachvollziehbar, dass Menschen, die Freiheit und Individualität kennen, sich von Einschränkungen, die durch das Zusammenleben in einer Gesellschaft unweigerlich gegeben sind, freimachen möchten. Die Demokratie ist keine perfekte Staatsform, sie ist der Versuch, eine vielfältige Gesellschaft so unter einen Hut zu bekommen, dass möglichst viele Interessen durch gewählte Vertreter berücksichtigt werden. Die Demokratie im Kapitalismus scheitert aber nicht nur daran, dass es Mehrheiten gibt, die Minderheiten unberücksichtigt lassen, also am themengebundenen Egoismus. Sondern auch an der an Überlebensinstinkte gebundenen Schwäche der Unersättlichkeit. Das führt zu derart kuriosen Ideen wie der eines Parteivorsitzenden, der im Sinne seiner Partei in der Öffentlichen Meinung einen „Ehrenkodex für Abgeordnete" einführen möchte, weil die Korruption hierzulande genauso offen auftritt wie in Bananenrepubliken, als solche aber verschleiert werden soll. Was ist schon perfekt? Der Mensch ist es nicht, obwohl die Evolution das Einzige ist, was komplett auf Perfektion, auf bestmögliche Anpassung, ausgerichtet ist.

Die Menschheit ist ja noch jung, vielleicht drei Millionen Jahre. Aber die Evolution ist flott unterwegs.

Möglicherweise benötigen wir nur eintausend Jahre, um zu begreifen, dass wir Geld gar nicht brauchen. Es ist doch nur ein künstliches Hilfsmittel, mit dem wir versuchen, uns zu motivieren und miteinander auszukommen. Was wir aufgrund der menschlichen Schwächen und eben wegen des Geldes dann doch nicht schaffen. Wie der Esel hinter der Möhre laufen wir hinter dem Geld her. Meist tun das auch die bekennenden Anarchisten, wenn sich ihnen die Möglichkeit dazu bietet. Kann sein, dass schon der Gedanke an eine Staatsform kontraproduktiv ist. Aber jede Form der Freiheit für viele schränkt die Freiheit des Einzelnen ein. Warten wir noch ein bisschen. Vielleicht eintausend Jahre. Vielleicht auch eine Million.

Vorbehaltlich nachhaltig. Nachhaltig ist das neue Fortschrittlich. Wer sich nicht nachhaltig in den Vordergrund schiebt, bleibt links liegen. Das gilt besonders für alle PolitikerInnen und PolitikerAußen, die nicht über einen ökologischen Lobbyanschluss verfügen. Endlich haben wir die Grünen dort, wo wir sie seit Jahrzehnten haben möchten, in Machtpositionen. Aber ist das ein gutes oder ein schlechtes Zeichen? Bedeutet das nicht, dass alles bereits zu spät ist? Die träge Masse bewegt sich doch erst, wenn nichts mehr geht. Und ist einE PolitikerIN angekommen, ist ES bereits so von Kapitalismus, Lobbyismus und Frustration korrumpiert, dass ERSIEES als Erfolg betrachtet, was eigentlich ein Rückschritt ist.

Im Ernst, Grüne? Steine im Vorgarten und Eigenheime sind nah am Weltuntergang? Der einzige Fortschritt hierbei ist, dass sich punktuell Ortsverbände der Selbstständigen-Partei aller Bürokratie zum Trotz darauf einigen konnten, mit welchen Themen sie sich ach so provokativ vermeintlich profilieren können. Würden die Steine im Vorgarten tatsächlich verboten werden, führte das dazu, dass hintenherum aus Protest gleich alles betoniert wird. Und Einfamilienhäuser verbieten, obwohl Deutschland diesbezüglich ohnehin weit hinten liegt? Wie leben denn die Menschen in anderen Ländern? Was ist denn so schlimm an einem neuen Denken, das die Individualität nicht außer Acht lässt – zum Beispiel an Tiny Houses? Ist die Bilanz von Reihenhäusern wirklich so schlecht? Wer bereichert sich an Luxus-Penthouses in Mehrfamilienhäusern – und was passiert dann alles Unökologisches mit dem Geld? Welche Folgen hat es, wenn immer mehr Menschen in Wohnghettos zusammengepfercht werden? Gäbe es nicht ganz andere Alternativen: Wohnen in kleineren Dimensionen, aber kreativ und individuell? Das Leben auf dem Land attraktiver und unabhängiger von zentrierten Arbeitsplätzen zu machen? Das Schaffen von Wohnraum durch das Abschaffen von Flugplätzen aufgrund zeitgemäßer Beförderungsmöglichkeiten? Bietet nicht gerade eine Pandemie den Freiraum für ein neues, intelligentes Denken und die Chance auf Mitdenker? Zu Ende denken, lautet die ewige Zauberformel.

Liegt die Suche nach Alibi-Problemen vielleicht daran, dass in der Ostsee keine Müllteppiche zu sehen sind? Es gibt so viel Sinnvolles zu tun. Anstatt Borkenkäfern ein betreutes Wohnen anzubieten, könnte man den Regenwald retten und eine effektive Aufforstung in Deutschland betreiben. Der Müll, den wir vor der Tür verbrennen oder angeblich recyceln, schwimmt in Asien im Meer und liegt in Südamerika in der verbliebenen Natur. Es gibt so vieles Unpopuläres, um das man sich kümmern könnte. Wasser und Medikamente in Afrika. Fleisch so teuer zu machen, dass es keiner mehr bezahlen kann. Lobbys abschaffen. Stattdessen wird „Naturkosmetik" betrieben. „Think big" muss nicht heißen, wie kann ich ein Produkt in der ganzen Welt verkaufen, sondern wie kann ich die Welt in den Köpfen der Menschen ansiedeln?

Was ist überhaupt grün? Was ist nachhaltig? Wenn in einer TV-Show sechs Menschen auf Fahrrädern fahren, um die Energie für die Musik zu produzieren, ändert das etwas? Sind die Fahrräder, die Kabel etc. nicht produziert worden? Verbrauchen die Menschen selbst keine Energie, die sie sich mit nicht nachhaltig produzierter Nahrung zuführen müssen? Wäre es nicht nachhaltiger, einfach die von Windrädern produzierte Energie zu nutzen, auch wenn uns ein Windradpark auf einer griechischen Insel nicht gefällt? Und auch die Transportkosten gerecht zu verteilen, anstatt sie denen aufzubürden, die erfreulicherweise viel Öko-Strom produzieren? Wäre etwas anders, wenn Menschen im Windrad wohnen würden? Sind E-Autos wirklich öko-logischer? Was ist mit den Lithium-Batterien und wie sieht die Rohstoffbilanz wirklich aus? Vor vielen Jahren gab es eine Folge von „Boston Legal", in der zu diesem Thema ganz hervorragend und von zahlreichen Fakten untermauert vor Gericht argumentiert wurde. Die amerikanische Gerichtsserie war auf skurrile Weise äußerst unterhaltend, aber auch so genial an kritische Themen gebunden, dass sie vermutlich aus diesem Grund irgendwann nicht mehr fortgeführt wurde. Man fragt sich ohnehin, wie es möglich ist, dass einerseits so unglaublich viele dumme Menschen in den USA leben können, sich andererseits dort aber so viele phantastisch kluge Köpfe zusammenfinden, die eine derartige TV-Serie umsetzen.

Zurück zur Nachhaltigkeit und zum Klimawandel. Wie man es auch dreht und wendet, es läuft doch immer auf ein einziges Problem hinaus: Es gibt zu viele Menschen und es werden immer mehr. Ist das der Hintergrund für natürlich auftretende (wenn es denn so ist) Pandemien? Oder für Virenentsendungen aus dem Labor? Oder sind das nur Aluhelm-Theorien?

Das Überleben der Menschheit. Wer will das überhaupt? Wer möchte ernsthaft, dass die Menschheit in 200 Jahren noch existiert? Wer denkt darüber nach, was er dafür tun kann, und ist auch bereit, es zu tun? Ist nicht eher der Egoismus die grundlegende Antriebskraft des Menschen, die all sein Handeln bestimmt? Das tumbe Streben nach Reichtum, Macht, Anerkennung innerhalb des persönlich vorgegebenen Lebenszeitraumes? Gibt es vielleicht so etwas wie eine geistige Barriere, die uns davon abhält, über die persönliche Existenz hinauszudenken bzw. sich noch nicht einmal damit zu beschäftigen, sondern sich wie in einem Schaltplan innerhalb von Schablonen zu bewegen – für Beruf, Familie, Fortpflanzung, Freizeitverhalten? Geraten so viele vollkommen außer Selbstkontrolle, wenn es wie bei einer Pandemie zu Fehlschaltungen im Plan kommt, weil ein Fehler in der Matrix in ihrer geistigen Kapazität nicht vorgesehen ist? Und wer hat diese Schablonen entworfen, die Matrix eingerichtet, die uns gefangen hält? Ein Gott? Überirdische Wesen? Die Natur?

Gut, den meisten vegan lebenden Menschen kann man es nicht absprechen, dass ihnen das Wohl der **Tiere** ganz ernsthaft am Herzen liegt. Dass sie die gängige Tierhaltung eindeutig als Misshandlung einordnen und besorgt sind, weil täglich Tierarten aussterben. Die Abschaffung der Massentierhaltung würde nicht nur unser globales Gewissen erleichtern, sondern auch den Klimawandel deutlich verlangsamen. Obgleich manche Veganer sagen, das Schicksal der Menschheit wäre ihnen gleichgültig – Hauptsache, die Tiere überleben. Um unseren Planeten würden sie sich dabei keine Sorgen machen, der hätte schon anderes überstanden und würde sich auch vom Menschen wieder erholen.

Benötigen die **Pflanzen** eine Lobby? Wahrscheinlich haben sie die, mehr als die Tiere. Denn die pflanzliche Nahrung ist für Mensch und Tier gleichermaßen von Bedeutung; zudem betrachten wir trotz unserer Neigung, uns mit Hund und Katze zu umgeben (wobei man zumindest die Hundehaltung durchaus als eine Form der Sklaverei ansehen kann), Pflanzen als außerordentlich wichtig in unserer Umgebung. Dennoch sind die Strukturen unseres Zusammenlebens dafür verantwortlich, dass wir die Flora bei der Nahrungsmittelproduktion vergiften und die für uns überlebenswichtigen Wälder abholzen. Ausschließlich wirtschaftliche Gründe sind dafür verantwortlich, dass wir, auch in Deutschland, Wälder komplett vernichten und dann jahrelang brach liegen lassen müssen, weil eine Wiederaufforstung nicht möglich ist.

Zum Naheliegenden: Wer kümmert sich um den **Menschen**? Sehr viele, könnte man meinen, eigentlich alle. Denn das ist doch klar, wir haben einen Überlebenstrieb, es gibt so etwas wie Gemeinschaftssinn und Verantwortungsgefühl, es wird sogar ganz viel von „Liebe" gesprochen. Die meisten möchten am liebsten 500 Jahre alt werden, wenigstens, und erst kurz vor ihrem Tod ist ihnen so richtig bewusst, dass daraus nichts wird. Gut, es ist schon ein wenig verwunderlich, wie das alles – nicht – so funktioniert. Dabei ist viel vom „Staat" die Rede. Der Staat macht dies, der Staat macht das, aber Moment mal, der Staat, das sind doch wir? Läuft es nicht eigentlich so, dass wir uns selbst organisieren, wie auch sonst? Wir wählen die sogenannten Volksvertreter, damit sie uns, das Volk, vertreten. Also: Die Politiker sorgen dafür, dass wir alle überleben, dass es uns allen gutgeht, dass wir eine #Zukunft haben. Sie denken an alle gleichermaßen, sie denken global und sie denken weit voraus. Soweit zur Theorie.

Dem steht entgegen, wie wir Menschen so sind, nämlich egoistisch, kurzsichtig, dumm – also lange nicht so weit entwickelt, wie wir denken. Vielleicht sind die Pflanzen und Tiere viel weiter als wir, denn möglicherweise stehen deren Chancen besser, uns zu überleben, als dass wir uns selbst überleben. Denn mit dem Menschen kann es nicht so weit her sein, wenn er ist, wie er ist. Ist „menschlich" gut, hochentwickelt, mitfühlend, liebend, vorausschauend – das, was wir selbst wunschdenkend als human bezeichnen? Oder ist menschlich egoistisch, primitiv, kurzsichtig, zum Versagen verurteilt, nur ein Experiment der Evolution?

Wie wertvoll kann das Menschliche sein, wenn unsere Geschichtsschreibung im Wesentlichen aus Kriegen besteht? Unsere Religion aus Kreuzigung, Steinigung und überhaupt aus reichlich Mord- und Totschlag? Wenn sich nichts daran geändert hat, dass primitive Diktatoren die größten Völker der Erde beherrschen und unterdrücken? Wenn Profitgier und somit reiner, direkter Egoismus dafür sorgt, dass Lebensmittel vergiftet werden, um Einnahmen zu steigern und Einzelne so leben können, wie sie das in ihrer kindlichen, von den Medien unterstützten Phantasie für erstrebenswert halten? Wenn das Elend und der Tod von Millionen in Kauf genommen werden, damit die Pharmaindustrie mit größtmöglichem Profit die zehn Prozent der Weltbevölkerung versorgt, die ohnehin auf Kosten der Übrigen leben?

Wie weit kann es mit dem Humanismus sein, wenn Egoismus in seiner reinsten Form der Antrieb des Menschen ist? Wir haben sie wahrgenommen, Begriffe wie Kalter Krieg, Saurer Regen, Waldsterben, Super-GAU, ABC-Waffen und Klima-Katastrophe. Wir hangeln uns von einem bestimmenden Thema zum nächsten und flüchten vor lauter Unfähigkeit, als Einzelner Einfluss auf die Zusammenhänge zu nehmen, in Verschwörungstheorien, welche die Unfähigen zusammenschweißen. Die ganz primitiven Versager begnügen sich damit, in Fußballstadien oder alternativ auf Marionetten-Demonstrationen herumzugrölen, sich in Social-Media-Kommentaren auszutoben („Top-Fans"!) oder sich ins Jungfrauenparadies zu sprengen, während diejenigen mit ein bis zwei Prozent mehr Gehirnfunktion versuchen, die Masse für den persönlichen Profit anzuzapfen.

Andere machen sich Gedanken, zum Beispiel über die #Zukunft. Meist über die eigene oder bestenfalls noch über die der Familie. Bedeutet das, wer keine Kinder hat, der braucht nicht zu denken? Sind 50 Jahre ohnehin das Maximum dessen, womit wir kalkulieren müssen? Machen wir uns Sorgen um einen entspannten Lebensabend oder darum, uns nicht vor unseren direkten Nachfahren rechtfertigen zu müssen? Oder geht es bei all dem – Senkung der CO2-

Emissionen, Atomausstieg, alternative Energien etc. – ohnehin nur um eine persönliche Gewissensberuhigung?

Wer, abgesehen von einigen wenigen Wissenschaftlern und Zukunftsforschern, denkt trotz aller Variablen ernsthaft über die #Zukunft nach, eine #Zukunft der Menschheit in 200 Jahren, in 500 Jahren, nicht nur für den Rest seines eigenen Lebens? Politiker ganz gewiss nicht. Und soweit denken vielleicht auch nicht die Gretas und Felixes dieser Welt. Die erfüllen aber absolut ihre Rolle, haben den vollen Respekt verdient. Sie schaffen Aufmerksamkeit, bringen Menschen zum (Um-)Denken, sorgen dafür, dass andere sich für gegen die Klimaerwärmung erwärmen, sich Gedanken über abbaubares Plastik und sinnvolles Recycling machen. Uns somit eine Verlängerung verschaffen – Zeit zum Nachdenken, Zeit für Lösungen, Zeit, das eigentliche Problem anzugehen. Denn das Problem ist nicht das Überleben der Menschheit in den nächsten fünfzig Jahren. Das Problem ist die Menschheit. Das temporäre Konstrukt Mensch, das mindestens eine Nummer zu groß und zwei Nummern zu primitiv ist für den Planeten, auf dem es ausgesetzt wurde.

Hat eine Menschheit das Überleben verdient, die Milliarden für tätowierte Fußballspieler ausgibt, anstatt das Geld dafür zu verwenden, für ihre Urenkel Planeten zu finden oder Raumstationen zu schaffen, auf denen sie leben können, nachdem wir das Klima auf der Erde zerstört haben?

Gibt es einen PLANeten B? Nichts gegen das Bäume pflanzen. Ebenso wie eine CO2-Reduktion ist es für das vorläufige Überleben der Menschheit notwendig. Die Menschen haben aus dem so grünenden Waldland Spanien ein nicht wieder aufzuforstendes Wüstenland gemacht und sind dabei, sich weitaus großflächiger und entscheidender in Südamerika zu wiederholen. Sie schaffen es so ganz nebenbei, mit Holzverarbeitung, Industrieansiedelung, Autobahnbau und Klimaveränderung, auch den deutschen Wald zu roden.

Mal eine kleine Rechnung: Von den ehemals 6 Billionen Bäumen auf unserer Erde sind aktuell noch 3 Billionen übrig. Es ist – auf dem verbliebenen Platz – möglich, 1 Billion neu zu pflanzen, Kiefern durch Buchen zu ersetzen etc. Bis die kleinen Buchen erwachsen sind, dauert es 200 Jahre. Die jährlichen CO2-Emissionen liegen weltweit bei rund 40 Millionen Tonnen, wobei Deutschland mit Platz 6 ganz oben mitspielt. Die Pro-Kopf-Emissionen liegen bei etwa 10 Tonnen. Es gibt jetzt rund 7,9 Milliarden Menschen. Im Jahr 2100 werden es rund 11 Milliarden sein, in 200 Jahren demzufolge vielleicht 15 Milliarden. Damit wären wir nahezu bei einer Verdoppelung der CO2-Emissionen, wenn wir unseren Fußabdruck nicht sofort komplett ändern und möglichst noch das Atmen einstellen. Wir benötigen also mit einem Blick auf die #Zukunft 8 Billionen Bäume – ganz abgesehen davon, dass die Rohstoffe und der Lebensraum ohnehin nicht für eine stetig steigende Zahl von menschlichen Erdbewohnern ausreichen und wir eine Tier- und Pflanzenart nach der anderen unwiederbringlich aussterben lassen.

Damit sind wir beim eigentlichen Problem: Eine Erde ist nicht genug für die Menschen. Wenn wir keinen weltweiten oder selektiven Genozid wollen – und das kann kein Mensch wollen – dann benötigen wir in absehbarer Zeit mehr Platz, mehr Rohstoffe, mehr Möglichkeiten. Die Erde überlebt auch ohne den Menschen, aber überlebt der Mensch ohne die Erde? Alles, was möglich ist, muss in die Erforschung des Weltraums investiert werden, und damit ist nicht nur Geld gemeint. Geld ist ein künstliches Hilfsmittel, das unser ökonomisches Miteinander auf der Erde gestaltet, hier geht es aber um einen Vordergrund, der alle bisherigen Dimensionen sprengt.

Endlich hat sich auch der erste der Superreichen entsprechend geäußert: Für Jeff Bezos ginge es mit

seinem Raumfahrt-Unternehmen Blue Origin nicht
um All-Tourismus, sondern um eine Evakuierung der
Erde auf gigantische Raumstationen. Die Erde würde
dann als eine Art Naturschutzgebiet erhalten bleiben.
Was von anderen wie Elon Musk (der „Baumvernich-
ter von Brandenburg") belächelt wird, könnte in absehbarer Zeit die einzige Chance der Menschheit sein
– sofern Pandemien, Kriege und die globale Sozial-
schere der Menschheit nicht einen Aufschub verschaffen. Das Geld wurde, das ist wahr, als Opfer erschaf-
fen, um im Laufe der Zeit zu einem Tauschmittel und
dann zu einer Art Gott zu werden. Für unsere #Zu-
kunft sollte uns kein Opfer zu groß sein.

Evolution ist nur eine Randerscheinung. Die Bibel hat eine einfache Erklärung für unsere Existenz.
Fast so einfach wie der Urknall. Wer die akzeptiert,
braucht sich mit den Details nicht zu befassen, ist ein
für alle Mal aus dem Schneider. Oder er betrachtet die
Theologie als Dach über einem Haus, in dem auch die
Naturwissenschaft ihren Platz hat. Umgekehrt begibt
sich der Naturwissenschaftler auf ein Glaubenskon-
strukt, wenn es über die Erklärung des Sichtbaren
hinaus um die Frage nach dem Warum geht. Ein Gott
(wo kommt er selbst her?), der alles erschuf, was auf
den ersten Blick gut war, oder eine Evolution, die
ständig mit dem experimentiert, was die Natur an

den Strand gespült hat – wo ist eigentlich der Unterschied? Alles sind Erklärungen für das Nichterklärbare, Teillösungen für das Sein, die uns so lange den Verstand bewahren sollen, bis dessen Kapazität endlich in vollem Umfang genutzt werden kann.

Lassen wir das Woher und damit die potenzielle Diskussion zwischen Theologie und Biologie beiseite und beschäftigen uns vordergründig mit dem Wohin, ohne uns fatalistisch auf etwas Übergeordnetes zu verlassen, das uns definitiv nicht retten wird. Gibt es Hoffnung? Welche Wege hält als erkennbarer Ausweg die Evolution für uns bereit? Hat sie uns nicht immer geholfen?

Gab es mal ein Gleichgewicht der Natur? Haben die Dinosaurier für ein Ungleichgewicht gesorgt und mussten sie deshalb sterben? Sorgt die Evolution, gerne auch übersetzt als Hand Gottes, in jeder Situation für uns? Oder ist unser Ende auch schon vorgezeichnet?

Der Mensch ist auf jeden Fall nicht der Garant für ein natürliches Gleichgewicht. Was sollen wir tun? Aufgeben und die Erde den Tieren überlassen? Macht ja keiner. Kämpfen? Oder die Sache einfach an das Schicksal abgeben? Worauf könnte das denn hinauslaufen, welche Gesellschaftsmodelle hält die Evolution möglicherweise für uns bereit?

Fatalismus ist eine Lösung, genügt aber nicht. Wie lange hat es gedauert, bis die Klimakatastrophe überhaupt in unser Bewusstsein gelangt ist – ganz zu schweigen davon, bis global wirksame Maßnahmen getroffen werden, die sie noch aufhalten oder wenigstens verzögern können. Kann uns eine Bedrohung von außen wachrütteln? Ein wahnsinniger Diktator, der durch unsere Schuld an die Atombombe gekommen ist und nicht mehr länger zögert, sie auch einzusetzen? Die Aggression einer irdischen „Supermacht"? Einer außerirdischen?

Wohin kann die Evolution uns führen? Zurück zur Natur. In eine Welt ohne Geld. Ohne Zwang. Ohne Spaltung. In ein friedliches, vielleicht sogar intergalaktisches Miteinander. In eine körperlose, sphärische Existenz. Denkbar ist vieles, vorstellbar wenig. Zunächst sollten wir endlich die Globalisierung hereinlassen, damit wir aus einigen unserer inneren Grenzen herauskommen. Wir sollten Freundlichkeit als Zahlungsmittel akzeptieren. So mancher braucht sein ganzes Leben, um zu verstehen, dass er nichts braucht. Stellt er fest, während er noch alles hat, was er nicht braucht.

In Bezug auf den Menschen kann die Evolution vermutlich nur eine Randerscheinung sein, ist doch der Mensch nichts anderes als ein territorialer Schadstoff. In der Bibel steht (Genesis 1,28): „Macht euch die Erde untertan und herrschet über die Fische im Meer und über die Vögel unter dem Himmel und über alles Getier, das auf Erden kriecht." Auch Aristoteles, René Descartes, Carl von Linné und Francis Bacon waren der Meinung, dass die Natur, die Welt nur für den Menschen geschaffen wurde. Anders dachten Alexander von Humboldt und Benjamin Franklin, Männer mit mehr Ein- und Weitblick.

Die Gesellschaft steckt im digitalen Wandel hin zur künstlichen Intelligenz unter Beachtung der sozial-ökonomischen Modernisierung von Wirtschaft und Gesellschaft. Der Klimawandel ist in den Köpfen vieler, aber nicht genug Menschen angekommen. Die besten Forscher Europas sitzen in Deutschland, Großbritannien und der Schweiz. Wir benötigen aber eine breite Masse von Menschen, die sich engagieren. Die Hilflosigkeit der Verschwörungstheoretiker beweist, dass es durchaus Schwärme ohne Schwarmintelligenz gibt. Wo es gerade zu einer grölenden Zusammenrottung reicht, ist nicht mit einem konstruktiven Zusammenschluss zu rechnen.

Für den Einzelnen gilt: Die Grundzüge seines Charakters wird man niemals wirklich ändern. Man hat aber sein ganzes Leben die Möglichkeit, an seiner Zufriedenheit, Philosophie, Toleranz, Einstellung,

Ausstrahlung zu arbeiten, sich selbst kennenzulernen und glücklich zu werden. Den meisten Menschen ist nicht bewusst, welche Möglichkeiten sie haben. Nur wer frühzeitig zweifelt und sucht, wird nicht verzweifeln, sondern finden.

Gelebte Praxis sollte sein, anderen zu helfen, ohne selbst aus dem Gleichgewicht zu geraten. Wie schön: Man kann jeden Tag beginnen, als wäre jede Änderung jederzeit möglich. Im Laufe der Jahre bemerkt man dann, dass man schon viel betrachtet und verändert, Perspektiven gewechselt hat. Vielleicht den roten Faden in seinem Leben sieht.

Etwas Altruismus steht jedem gut. Wenn man selbst bemerkt, dass man von Demut in den alltäglichen Größenwahn rutscht, sollte man sich wieder auf Dankbarkeit, Verständnis und Toleranz fixieren, Demut ohne jeden religiösen Hintergrund. Aus hundert Wegen ohne Ziel kann man einen Weg formen, mit dem Ziel, das Leben mit einem Inhalt zu füllen.

Vegan leben. Der Mensch hat durchaus seine Aufgaben in der Natur, wenn auch häufig zum Nutzen des Menschen. So würden zum Beispiel Obstbäume sich nicht gegen andere Bäume wehren können, wenn der Mensch ihnen nicht den erforderlichen Platz verschaffen würde. Und auch, wenn den Menschen am Aussterben vieler Tierarten die Schuld trifft, so gibt es Tierarten, die es ohne den Menschen nicht in die heutige Zeit geschafft hätten. Denn das Aussterben hat es immer schon gegeben. Ist der Mensch aber schuldig, was seine Karriere als Karnivore betrifft, als Tiermörder und -quäler, als Fleischfresser? Vermutlich nicht. Doch wir leben nicht mehr in Höhlen und müssen uns mit Tierfellen wärmen. Der Homo sapiens hat die Wahl.

Es ist kein Zufall, dass sich immer mehr dafür entscheiden, vegetarisch oder vegan zu leben. Tatsächlich ist beides eine Möglichkeit, wenngleich die konsequentere Variante durchaus Sinn ergibt. Viele sagen, auf Quark und Käse möchte ich nicht verzichten, das ist zum jetzigen Zeitpunkt nachvollziehbar. Es gibt zwar inzwischen für alles Alternativen, aber geschmacklich wird noch nicht immer so substituiert, wie man es sich aus der Gewohnheit heraus wünscht. Vermutlich wäre das anders, wenn man nichts anderes kennen würde. Es gibt auch durchaus schon sehr gute vegane Produkte und wird immer bessere geben. Gerade Milchprodukte sind etwas, was nicht nur für die Tierwelt mehr als unschön ist, sondern auch beim Menschen zu unkontrollierbaren bis gesundheitsschädlichen Effekten führt. Milch ist ein Nahrungsmittel für das Wachstum von (Tier-)Babys, nicht für erwachsene Menschen. Und der Schritt von vegetarisch zu vegan ist viel kleiner, als man zunächst denkt.

Es braucht an dieser Stelle nicht alles zum Thema ausgeführt werden, es gibt zahllose Veröffentlichungen dazu. Der Anteil der Menschen, die sich bewusst vegan ernähren, wird von Tag zu Tag größer. Nur ein paar Stichpunkte: Tierschutz statt Tierquälerei und der Massenmord an Lebewesen ist nicht nur dann eine Frage, wenn man mit Tieren aufwächst. Vielleicht ist auch das Teil der Evolution – warum mutet es wohl archaisch an, wie früher weitverbreitet zu Hause geschlachtet und Blutwurst produziert wurde? Die Zeiten ändern sich, die Nahrungsmittelproduktion auch. Nicht immer zum Guten, eine Kontrolle der industriellen Produktion ist unabdingbar. Und wo es geht, sollte jeder zu natürlichen, unverarbeiteten Lebensmitteln greifen. Der aufrechte Gang des Menschen ist ungewöhnlich für ein Säugetier. Der Fettanteil der überwiegend übergewichtigen Bevölkerung ist unnatürlich.

Inzwischen hat jeder davon gehört, dass für die Massentierhaltung und den Sojabohnenanbau Regenwald abgeholzt bzw. brandgerodet wird. Dass die Massentierhaltung u. a. die Methankonzentration in der Atmosphäre deutlich erhöht, mit all ihren Folgen. Der Bedarf des Menschen an Soja (auch für Fleischersatzstoffe wie Tofu oder Tempeh) ist da vergleichsweise gering. Es gibt zudem viele weitere Möglichkeiten wie Seitan, Jackfrucht, andere Bohnen- oder Linsenerzeugnisse etc. Aber es müssen auch nicht unbedingt Fleischersatzprodukte sein. Es gibt so viele Möglichkeiten, sich von saisonalen Lebensmitteln abwechslungsreich, gesund und geschmackvoll zu ernähren. Viele Sportler haben mittlerweile bewiesen, dass Muskelaufbau und physische Leistungsfähigkeit von Veganern hinter der von Nichtveganern nicht zurückstehen. Das einzige, was ggf. gelegentlich durch Nahrungsergänzungsmittel hinzugefügt werden sollte, sind die sogenannten Cobalmine, auch bekannt als Vitamin-B12-Gruppe. Jedenfalls dann, wenn man nicht gerade jeden Tag frischen Sanddornsaft trinkt oder Sauerkraut isst ...

Die vegane Ernährung hilft nicht nur der Welt, sondern auch ganz direkt uns bei Übergewicht, Bluthochdruck und vielem mehr. Sie senkt das Risiko für Herzinfarkt und Schlaganfall, für Diabetes und für Krebs. Das ist für jeden einzelnen messbar, schon zwei, drei Monate nach einer Ernährungsumstellung! Vegan leben verlängert das Leben und macht es lebenswerter – auch dann, wenn man nicht auf Müsli und Körnerfutter steht. Man muss keineswegs zum Vogel mutieren, um das Richtige zu tun, und kann dennoch vielseitig und mit Genuss essen und trinken.

Die Entscheidung liegt bei jedem selbst. Fest steht: Vegetarische und vegane Ernährung liegen voll im Trend. Immer mehr entscheiden sich dafür, lösen sich von der Vergangenheit und sind somit Bestandteil einer natürlicheren, gesünderen #Zukunft. Vegane Lebensmittel sind entweder ohnehin Teil unseres Supermarkt-Angebotes oder nehmen dort immer mehr Platz im Regal ein. Und wer ein Haustier hat, wie die meisten Haushalte bei uns, der braucht sich nur mal vorzustellen, ob er es wirklich essen würde. Diese Entscheidung fällt leicht.

Was uns erwartet. Was kommt auf die Menschheit in den nächsten Jahren zu? Bei uns und in anderen Teilen der Welt? Welches Schicksal erwartet die Erde? In der Vergangenheit gab es durchaus andere Probleme als den Klimawandel. Eine Menschheit, die evolutionär erst dabei war, Gesellschaften zu entwickeln. Die einerseits immer näher zusammengerückt ist und andererseits durch Weltkriege und deren Folgen getrennt war. Dann kamen der Kalte Krieg und die Aufrüstung. Atombomben und Kernkraftwerke mit ihrer global tödlichen Gefahr. Saurer Regen. Lebensmittelskandale ohne Ende. Die Entdeckung des Verbraucherschutzes, Friedensdemonstrationen und grüne Politik. So vieles hat sich zum Positiven geändert, zu langsam. Irgendwann war dann sichtbar, dass der

Regenwald abgeholzt wurde, die Gletscher und Eisberge schmolzen, Orte unter Schlammlawinen versanken. Smog. Gift im Trinkwasser und in der Nahrung. Es wurde klar, dass eine Klimakatastrophe kommt, die Erderwärmung aufgehalten werden muss. Nun war es an der Politik, die entsprechenden Maßnahmen einzuleiten, und zwar national und international. Das geschah nicht. Bis irgendwann die Menschen bemerkt haben, dass sie etwas tun müssen. Zu spät.

Der Klimawandel ist nicht mehr aufzuhalten, die Erderwärmung setzt sich unaufhaltsam fort. Der Meeresspiegel steigt. Es ist nicht möglich, die Folgen durch den Bau von Deichen zu verhindern. Nicht an den Nordseeküsten und schon gar nicht in Lateinamerika. Die Meere sind verseucht durch Öl, Müll, Mikroplastik. Der Permafrost taut, unter anderem kommen dabei noch lebende Bakterien an die Oberfläche, die bislang unbekannt und so groß sind, dass man sie mit dem bloßen Auge sehen kann. Wirbelstürme gibt es nicht nur in den Tropen, auch bei uns werden ganze Dörfer komplett zerstört. Aus 3-Meter-Bächen werden 50 Meter breite, reißende Fluten, die alles mit sich reißen. Waldbrände sind weltweit nicht kontrollierbar. Fruchtbare Regionen werden zu Wüsten. Nadelbäume verschwinden von der Erde. Der exponentiell steigende Müll ist nicht aus der Welt.

Jederzeit droht eine anhaltende Verdunklung der Sonne. Energiereserven gehen aus. Jeden Tag sterben Tierarten aus, auch jene, von denen wir uns bisher ernährt haben. Immer knapper werdende landwirtschaftliche Flächen laugen aus. Corona ist ein Kinderschnupfen im Vergleich zu den tödlichen Pandemien, die noch auf uns zukommen, beginnend damit, dass sich Malaria und andere, viel schlimmere Krankheiten auch bei uns ausbreiten, die bislang nur mit Afrika in Verbindung gebracht wurden. Ganz neue Krankheiten entwickeln sich.

Trinkwasser wird knapp. Ernährungsprobleme kommen hinzu. Es wird versucht werden, Mangelernährung chemisch auszugleichen, vergeblich. Trotzdem sinkt das Lebensalter noch nicht. Die Bevölkerung wächst unaufhaltsam weiter. Das Meer ist keine Alternative mehr, weder für den Anbau von Nahrungsmitteln noch als Wohnort. Kriege sind die Folge, Annexionen und biologische Kriege.

Eine Eiszeit ist, obwohl sie historisch gesehen überfällig ist, nicht möglich. Eher schon trifft ein Meteorit die Erde vernichtend, aber auch das ist nicht wahrscheinlich. Eine andere Idee? Ein Mega-Vulkanausbruch? Erde und Mond machen es ohnehin nicht mehr lange, so viel steht fest. Vielleicht bleibt unserem Planeten noch eine siebenstellige Jahreszahl, die soll er genießen. Dafür muss er die vielen kleinen Schmarotzer aber loswerden, die sich so auf ihm ausgebreitet haben.

Bleiben wir also lieber bei der Menschheit und ignorieren wir, dass deren Ende bei anhaltender Bevölkerungsentwicklung, Energieverbrauch, CO2-Produktion und Nahrungsmangel schon in einer dreistelligen Zahl vorgesehen ist. Denken wir positiv. Es gibt keinen Atomkrieg. Wir leben – trotz aller Einschränkungen durch wahnsinnige Tyrannen und deren Einfluss auf unsere Wirtschaft – im Glücksland. Kein anderes Land auf der Welt genießt diese unverdiente Kombination aus Warenüberfluss, medizinischer Versorgung, materiellem Reichtum, Freiheit, politischem Einfluss und glücklicher geografischer Lage. Wir werden deshalb nicht alle sterben müssen. Jedenfalls nicht in den nächsten 20 Jahren. Außerplanmäßig nur diejenigen, die von einer Flut, einem Sturm oder einer Epidemie getroffen werden. Vielleicht sind wir das dann doch. Oder unsere Freunde. Unsere Kinder, gut möglich. Unsere Enkel auf jeden Fall. Menschen, viele Menschen. Doch, wir werden alle sterben. Aber viele grausamer und früher als geplant. Wer kann, verlässt schließlich die Erde. Das sind nur wenige.

Oder kommt alles ganz anders? Die ökologische Tierhaltung in Weide, Wald und Wiesen breitet sich immer mehr aus. Der Anteil an vegan oder an vegetarisch lebenden Menschen wird immer höher. Soziales Handeln gewinnt unbeachtet der täglichen Asozialfestspiele im TV immer mehr an Bedeutung, nicht zuletzt durch zunehmende internationale Bedrohungen. So etwas schweißt immer zusammen. Die Politik, die Medien, die Filminhalte sind im Wandel. (Wäre schön, wenn das offensichtlicher auch für den Computerspiel-Sektor gelten würde, da wäre so viel möglich ...) Ja, es gibt positive Ansätze. Ist das schon ein Zeichen der Evolution? Oder nur positiv Unvermeidliches als Stolperstein in der Katastrophenlawine? Auf jeden Fall ist es nicht genug.

Und noch einmal kurz zurück aus der Welt der Rosa-Wolken-Utopie zu Computerspielen und Kinofilmen: Es ist unfassbar, wie viel wie Schlechtes es hier gibt. Dass Kinder/Jugendliche und labile Erwachsene unbewusst nicht zwischen Fiktion und Realität unterscheiden können, ist keine übersensible Phantasie übermotivierter Psychologen und Sozialarbeiter, sondern Fakt. Es dringt unweigerlich in die Realität ein, dass brutaler Mord und Massenmord etwas Normales, jederzeit Machbares ist. Moralische Bildung wird immer und überall vernachlässigt, statt zornigem Fußaufstampfen gilt der Gedanke heute direkt dem Griff zur Waffe. Wer entwickelt solche „Spiele" und sieht die Folgen nicht? Wo ist die mehr oder weniger freiwillige Selbstkontrolle? Für diese unsäglich primitiven Spiele, in denen es zum Beispiel einzig darum geht, mit einer Bazooka möglichst viele Menschen zu töten, wird auch noch intensiv auf Spielplattformen Werbung gemacht. Es gibt noch viel Arbeit für die Evolution, denn so viel Gutes wäre mit unserem Potenzial möglich. Aber auch hierfür ein Beispiel: Es gibt ein Spiel, in dem man als Vincent van Gogh in seinen Bildern gegen seine Dämonen kämpft, Auch hier wird gekämpft und es ist nicht einfach, aber wie schön und sogar noch lehrreich kann so ein Spiel sein! Also doch: Die Hoffnung stirbt zuletzt ...

„Das Wesentliche wird ständig vom Unbedeuten-
den bedroht."   *René Char*

Was kann jeder Einzelne tun? Nichts? Einer von Millionen sagt: „Ich brauche nicht zur Wahl zu gehen, meine eine Stimme macht ohnehin keinen Unterschied." Stimmt das? Ja und nein. Wenn es um Millionen Stimmen geht, ist eine nicht mehr als ein Sandkorn in der Sandkiste. Wenn einer Partei nur 100 Stimmen zur absoluten Mehrheit fehlen, oder gar nur eine, macht diese Stimme schon einen gewaltigen Unterschied. Aber auch das spielt bei diesem Beispiel eigentlich keine Rolle, denn es geht darum: Wenn einer sagen kann, seine Stimme spiele keine Rolle, kann das jeder sagen. Wenn es jeder sagt, hat die Demokratie komplett verloren. Das ist so ähnlich wie mit der Wahrscheinlichkeit: Wie wahrscheinlich ist es, dass ich von einem Tisch voller Geschenke gerade das bekomme, was ich mir gewünscht habe? Ganz egal, was jemand sagen würde, der sich mit Wahrscheinlichkeitsrechnung auskennt: 50:50, denn entweder ich bekomme es oder ich bekomme es nicht. Meine Stimme ist nicht nur eine Stimme, sie ist eine von vielen und damit nicht nichts, sondern machtvoll. Du bist nicht einer von 80 Millionen, du bist 80 Millionen.

Nichts lässt sich in einem Satz abtun. Ich habe die Freiheit, mich nicht impfen zu lassen. Das ist gut. Aber dann muss ich damit leben, dass Millionen Menschen genauso denken und andere Menschen, vielleicht auch Millionen, deshalb leiden oder sterben. Es ist meine Verantwortung, die ich nicht nur für mich trage, sondern für alle Menschen. Wie ist es moralisch zu verkraften, dass ich – indirekt zwar, aber dennoch – für den Tod auch nur eines Menschen verantwortlich bin? Wie ist es mit der Todesstrafe? Es ist eindeutig erwiesen, dass jemand einen anderen grausam getötet hat. Wenn wir ihn lebenslang einsperren, ist die Gefahr zwar weitgehend ausgeschlossen, dass er weiter mordet, aber der Staat, also wir, muss für sein Leben auch noch bezahlen. Aber wer will der Henker sein? Wer will beurteilen, dass es moralisch richtig ist, einen Mensch zu ermorden, der gemordet hat? Und woher weiß man, dass die Tat wirklich eindeutig nachgewiesen ist? Was ist, wenn man mit seinem Urteil einen Unschuldigen ermordet hat? Ist man dann selbst schuldig? Die Entscheidung muss jeder selbst für sich selbst treffen, aber letztlich entscheidet in einer Demokratie am Ende die Mehrheit. Kein Grund für eine Gesellschaft, kein Verständnis für andere Meinungen aufzubringen und sich auseinanderdividieren zu lassen. Es gibt Systeme, an denen sich eine Gesellschaft ausrichtet. Es gibt aber auch Toleranz, Gemeinschaftsdenken, Freundschaft. Und es gibt ein moralisches Gewissen, das jeder ganz allein mit sich herumträgt.

Auch das Beispiel, das Richard David Precht in seinem bekannten Buch „Wer bin ich und wenn ja, wie viele?" nennt, wirft Fragen auf. Es lautet etwa so: Ein Zug rast außer Kontrolle auf fünf Gleisarbeiter zu. Ich kann eine Weiche umstellen und damit die fünf Arbeiter retten, aber es wird ein anderer Gleisarbeiter von dem Zug getötet. Fast alle der Befragten würde dies ohne Zögern tun. Aber die deutliche Mehrheit würde es nicht tun, wenn sie dafür einen Mann von der Brücke schubsen würde. Hier geht es also darum, dass man ganz direkt und persönlich in das Geschehen eingreifen müsste, in etwa wie mit der Todesstrafe, wenn ich selbst das Amt des Henkers übernehmen würde. Aber sollte die Frage nicht eine ganz andere sein? Mit welchem Recht maße ich mir an zu entscheiden, dass ein Leben weniger wert ist als fünf Leben? Vielleicht auch deshalb, weil fünfmal so viele Menschen um die Toten trauern würden? Kann man 5:1 Leben gegenüberstellen wie fünf Millionen Euro zu einer Million? Aber vielleicht würde dieser eine Tote am nächsten Tag zehn Menschen das Leben retten? Oder ein Heilmittel gegen Krebs finden? Vielleicht unwahrscheinlich für einen Gleisarbeiter, aber es ist ja auch nur ein Beispiel. Auf jeden Fall hat Superman keinen leichten Job. Kein Mensch, niemals, darf geopfert werden, um andere zu retten. Moral heißt, keine Negativhandlungen.

Es steht fest, dass wir ein Teil nicht nur der Menschen eines Landes, sondern sogar der weltweiten Gemeinschaft sind. Niemals ist das so deutlich geworden wie während einer Pandemie. Wenn Menschen von einem Land in ein anderes reisen, wie es heute Normalität ist, lässt sich ein Virus nicht aussperren. Und selbst wenn ein Virus in einem Land vorübergehend besiegt ist, hilft es uns nicht, solange wir den Impfstoff für uns selbst behalten.

Ähnlich ist es mit dem Klimawandel: Das Klima kennt keine Grenzen. Wenn in Brasilien Regenwald vernichtet wird und in China neue Kohlekraftwerke gebaut werden, hat das weitweite Auswirkungen. Wenn an den Polen das Eis schmilzt, hat das auch bei uns Auswirkungen. Es nützt wenig, wenn wir unseren Plastikmüll auf den Philippinen ins Meer werfen. Und wenn die Niederländer kein Zuhause mehr haben, weil der Meeresspiegel steigt, müssen sie bei uns landen. Wer glaubt, wir haben den Wohlstand auf ewig für uns reserviert, denkt von der Tapete bis zur Wand. Jeder trägt Verantwortung für jeden, für seinen Nachbarn, für seine Nachfahren und für die jetzige und die künftigen Generationen auf der anderen Seite der Erde. Wir müssen alles dafür tun, um mit den ganz großen Fragezeichen wie zum Beispiel China und Russland diesbezüglich in Kontakt zu bleiben. Aber anfangen müssen wir bei uns.

Was kann ich tun? Was muss ich tun? Diese Fragen muss sich jeder stellen. Es kann nicht jeder schon als Kind anders sein, sich am Freitag vor die Schule setzen und unzufrieden gucken. Wer so ist, macht es einfach und trifft vielleicht einen neuralgischen Gegenwartspunkt. Wer der Mitläufertyp ist und die Chance bekommt, einer von vielen auf der Welle des Guten zu sein, der macht eben genau das. Ein anderer hat vielleicht selbst Kinder. Und wer Kinder hat, hat Verantwortung. Er muss seinen Kindern alles an Wissen, Empathie, guten Gefühlen und ganz besonders Glück mitgeben, was er zu geben hat. Seinen Reichtum erkennen und teilen. Wer schreiben kann, schreibt, wer malen kann, malt, wer glaubt, für die Politik geboren zu sein, versucht sich damit.

Wer sich gern öffentlich äußert, kann dies digital in einschlägigen Chats und Kommentarfeldern oder mit einem eigenen Blog tun, wird dann aber vielen Menschen mit interessantem Realitätsabstand begegnen. Analog kann es neben den Gesprächen in der Familie und am Arbeitsplatz sehr aufschlussreich sein, eine eigene Diskussionsrunde zu Hause oder in der Kneipe ins Leben zu rufen.

Weniger reisen. Richtig wählen. Jeder hat heute die Möglichkeit, sich für Ökostrom zu entscheiden. Stoffwindeln, weniger Verpackungsmüll ... es ist ver-

lockend, ins Detail zu gehen, aber wer das alles nicht
weiß, der wird dies hier vermutlich auch nicht lesen.
Es geht auch nicht nur um die drohende Klimakatastrophe. Es geht um alles, was falsch oder richtig ist.
Den richtigen Lebensstil, die Berufswahl, Vorbild-
funktionen. Wer die Möglichkeit und die Zeit hat, ein
Ehrenamt zu übernehmen, soll dies tun. Es gibt Co-
medians, denen es nicht nur darum geht, den Clown
zu spielen, die sich nicht bei Provinzveranstaltungen
als „Prominente" aufspielen und es nicht nötig haben,
in den Medien Scheinweisheiten zu verbreiten, sondern die wirklich etwas zu sagen haben und dies –
mit dem so wichtigen Humor – auch tun.

Wen es selbst zur Wissenschaft zieht: Das kann
ganz besonders wichtig sein. Denn der Weg in ein
Morgen führt vermutlich nur über die Wissenschaft.
By the way: Auch Lithium wird knapp, und zwar
schon sehr bald. Ganz zu schweigen von dem, was
unsere „Nachhaltigkeit" in den Herkunftsländern
schafft ... Hilft es also wirklich, auf E-Mobilität um
zusteigen? Vielleicht, denn es wird intensiv nach
Möglichkeiten gesucht, alternative Batterien zu entwickeln. Es gibt so viele Menschen, die sich Gedanken machen, die ihren Kopf nutzen, um neue Wege
zu gehen. Gerade deshalb ist der persönliche Umstieg
auf Elektro aber vielleicht nicht die beste Idee. Kürz-
lich wurde eine Wasserstoff-Paste entwickelt, die in

der Umsetzung vieles auf gerade phantastische Weise besser und nachhaltiger und Wasserstoff zur wirklichen Alternative machen könnte. Die #Zukunft hat schon begonnen.

Wer zu dem Ergebnis kommt, dass er gar nicht dazu fähig ist, etwas für die Welt, für andere Menschen, für andere Lebewesen zu tun, und trotzdem glücklich und erfüllt leben kann, ohne jeden Tag das Gefühl zu haben, es fehle ihm etwas, auch gut. Aber jeder sollte wenigstens einmal darüber nachdenken, ob er nicht doch eine kleine Idee hat. Morgens im Bett. Oder unter der Dusche. Oder jetzt.

Der Mensch ist dazu geschaffen, sich die Erde untertan zu machen, heißt es in der Bibel (1. Buch Mose 1,26-30). Das könnte man als „nicht so gemeint" und der Zeit geschuldet darstellen, wäre es nicht genau das, was der neuzeitliche Mensch Tag für Tag umsetzt. Womit sich der Mensch von heute zu dem von gestern macht. Denn der von morgen vernichtet nicht seine eigene Existenzgrundlage, sondern hat sich in Kopf, Herz und Tat ökologisch und human verändert. Die Zeit der Transformation hat bereits begonnen. Mit dem weltweiten Dialog zu Frieden, Toleranz und Nachhaltigkeit. Mit dem Ziel der sozialen und natürlichen Transformation. Zu einer Menschheit, die sich mit der Natur stetig mehr verbunden fühlt, achtsam mit den Ressourcen und der Welt in ihrer Gesamtheit umgeht.

Und schließlich: Endlich, endlich die Diktatoren dieser Welt stoppen. Die Wahnsinnigen, die scheinbar unerklärlich an die Schaltzentralen des Irrationalen gelangt oder von diesen geschaffen wurden. Die Macht muss abgeschafft werden. Wer das kann? Wenige Mutige in ganz konkreten Situationen, die hat es – mehr oder weniger erfolgreich – immer gegeben. Wobei tatsächlich jeder ein bisschen dazu beitragen kann. Wir Menschen müssen nur zusammenhalten. Jedes kleine Zeichen, jeder gute Gedanke, jede Tat eines Einzelnen wird zum gewaltigsten Machtinstrument, wenn es alle machen. Das zeigt sich in den schlimmsten Momenten der Menschheit, manchmal im Negativen, häufig aber auch im Positiven. Das beginnt mit einem Wahlzettel und setzt sich mit allen Social-Media-Möglichkeiten fort. Wir dürfen diese nicht den organisierten Psychopathen überlassen, ein 8-Milliarden-Flashmob ist die stärkste und friedlichste Waffe. Hilft es, von Balkonen zu applaudieren? Auf jeden Fall ist es ein Zeichen. So wie eine Kerze, eine Stunde des Stromsparens, das Zeigen von Gesichtern und vieles mehr. Wenn es etwas gibt, das unendlich ist, ist es die Phantasie. Die Ressourcen der Erde sind es nicht.

Alle müssen wissen, worum es geht: Um die #Zukunft. Um unser aller #Zukunft. Um die #Zukunft der Welt. Darum geht es, jetzt. Nicht morgen, sondern jetzt und hier. #Zukunft.

„Seien wir realistisch und machen wir das Unmögliche."
Ernesto „Che" Guevara